# 一路念佛到中土

## 梵唄史談

三皈依、大悲咒、阿彌陀經的梵唱
是如何跨越了世界屋脊，從
佛國印度來到中國，並且
響徹於今日台灣的市井街巷

◎賴信川 著

# 自序

賴信川

過去筆者曾經擔任佛學社團的「維那」，帶領同學們做晚課。當時有一位同學提出問題：「爲什麼佛教的歌曲要這樣唱？」他指的是佛教的「讚」爲什麼曲式與流行歌曲有這麼大的差異，各個字之間要拉得這麼長？

這是很好的問題，它使我走上了梵唄研究的路程。

不論是在學術界，或是在佛教界，從過去以來梵唄發展史一直很少被討論。儘管佛教藝術已成爲學界關心的對象，在部分大學當中已開設課程，然而範圍僅止於寺廟建築、石窟、造像，及繪畫等等。而相對於學術界，佛教界對梵唄當然是更爲關心，然所關心的對象僅止於唱法，如「鼓山調」與「海潮音」的比較，再來就是法器的板眼。眞正有關佛教梵唄的研究工作，大部分是音樂學界的成績，目前並有學者致力於田野調查，及相關的曲式、旋律等和音樂相關的研究。

事實上，宗教音樂自來有其神聖性，更何況是儀式上使用的歌讚，所以很少人會去想到這個問題：今天流行的讚唄，如〈爐香讚〉這樣的六句讚，從文體上可以看出，並非當初佛教傳入中國所唱的梵唄，顯然梵唄已經有過變化。果眞如此，那麼是什麼原因造成它的變化呢？還有，變化之前的梵唄，又是什麼樣的面貌？如此具有神聖性的梵唄竟然會發生變化，想必一定有其指導思想支持它的變革，佛教梵唄的製作是緣於什麼樣的指導思想？而容許它發生變革的指導思想又是什麼？一連串的問題，所指出的無非就是佛教梵唄發展史的問題。

儘管國內對佛教梵唄的研究向來就很少受人注意，然而近二十年來佛教蓬勃的發展，大型法會不斷舉行，募款活動積極推動，不僅僅是在於社會救濟，教育事業也積極籌劃，從文教基金會的設立，到大學社團的紛紛成立，今天佛教可以說從過去給人出世消極的印象，轉變成積極入世的扮演淑世的角色。爲了因應這樣的改變，佛教的弘法事業已經邁入了媒體傳播的時代，從而促發佛教音樂事業的蓬勃發展。事實上，從民國初年弘一大師所作的佛化歌曲創作以來，佛教音樂就已經走出傳統梵唄格局，從過去主要以佛教信徒爲主要傳唱對象的傳統佛教音樂，到新發展出來的心靈音樂，佛教音樂已儼然成爲音樂市場的一股潮流。這股潮流對佛教形象的改變影響很大，使得今天人們不再視相關音樂爲迷信，並以聆聽這種音樂當作高尙的興趣。

佛教音樂的新發展對佛教思想傳播帶來莫大的助益，卻也帶來了衝擊。原因就在於新的佛教音樂受到大眾歡迎，但是因爲發展速度太快，作品未盡完善，部分廠商爲了迎合市場需要，造成風格低俗的現象。另一方面，受到新式佛教音樂的影響，佛教界爲傳統梵唄找尋新的發展方向，部分道場爲傳統梵唄發展出梵樂，並組織梵唱團，配合國樂伴奏來唱誦傳統梵唄，巡迴世界各地演唱，並將這種新風格的梵唱製作錄音帶，推廣各地，爲傳統佛教梵唄的維護盡了一份心力。

然而，不論是新發展的佛教音樂也好，或是國樂交響伴奏的新的梵樂，畢竟還是衝擊了佛教界，引起部分教界人士的憂心。南普陀寺的法藏法師曾於民國八十四年在《僧伽雜誌》上撰寫了一篇〈梵唄略考〉，其中講到一些很重要的問題，他指出：

有些人不喜梵唄，堅持「梵唄無用論」或「非佛本制論」，視一切佛門傳統唱誦或儀式等皆爲異端而排斥之。……另一方面，……「佛教音樂」，近幾年來，正隨著佛教的興盛，與社會消費大眾的喜愛，而逐漸地風行了起來。……然而，美音乃壞亂禪定之毒箭，佛陀早有明訓。是不是「佛教音樂」就不會有壞亂禪思的危險

呢？……聽音樂固然不是什麼「大戒」，可是心神蕩漾久了，道心會不會腐蝕？（《僧伽雜誌》，民國八十四年十月份）

確實，音樂本來就是佛制禁戒之一。那麼出家眾是不是可以聽音樂，參與音樂創作，這事實上不是在家居士的筆者想要討論的。但是值得我們注意的是：既然佛教本來就有「非樂」的政策，那麼梵唄竟然可以流傳到現在，可見它應該不是一般普通的音樂，是釋迦牟尼佛特許的音聲。究竟佛教梵唄是不是佛本制？佛教梵唄是不是無用論？要回答這個問題，必須從研究佛教梵唄史開始。

然而，過去我國佛教梵唄相關的研究卻率多定義爲音樂研究，大多忽略了佛教精神的研究。儘管民國五十九年台灣的第一篇相關碩士論文，李純仁所撰寫的《中國佛教音樂之研究》提及佛教精神部分外，其後的論文幾乎都沒有提到這方面的課題。換言之，從佛教徒本位出發的佛教音樂研究，事實上還算是少見。筆者以爲，宗教音樂的本質，並非專爲音樂而音樂，最重要的是爲宗教而音樂的音樂。是以，不論是佛教梵唄或是佛教音樂的研究，佛教的教理和精神的闡發是至爲重要的課題，誠如佛教藝術，亦非專爲藝術而藝術一般。釋迦牟尼佛固然重視方便法門，但音聲娛樂絕非世尊本懷。

職是之故，筆者要指出，對佛教人士而言，今天我們想要了解的梵唄不再只是唱法，根本上來說，應該是梵唄如何回應時代的問題。社會人士常常會問：「佛教為何有這樣的梵唄？」有心提昇佛教形象的法師也會問：「我們可不可以改變這種風格的梵唄？」甚至有人還會問，今天佛教已經傳播到海外，想要創作英文梵唄、法文梵唄，甚且是俄羅斯佛號，乃至非洲〈爐香讚〉，要怎麼做？創作的原則又是什麼？這些問題已經不再只是研究唱法所能提供的，根本上來說，是一個思想上的問題，事實上，佛教梵唄當初來到中國，又傳到日、韓、越、緬、泰等亞洲各地，發展到後來也是以本土化的形式呈現。所以今天的這些問題，其實也是過去祖師們所面對的問題，因此研究梵唄發展的歷史可以提供我們可靠的答案。是以本書的立論宗旨是以佛教的本位來看整個梵唄歷史的發展，不論佛教梵唄過去從什麼樣子變成什麼樣子，那不重要，重要的是形式上變化當中的佛教梵唄能夠帶給我們什麼樣的啓示，正所謂「隨緣不變，不變隨緣」，我們若能從歷史當中學習到梵唄在隨緣的過程當中，所展現不變的內涵，那就是本書寫作的初衷所在。

而對於佛教梵唄發展史立論的敘述角度，是得自於筆者自身發展的研究心得：

「梵唄模型論」。所謂的梵唄模型論是指研究梵唄所需要研究的四個要點：

1.歷史觀：淵源、作者、流變與傳承。

2.功能論：研究梵唄背後的指導思想和作用性質。

3.角色論：主要是研究梵唄在儀式當中存在位置。

4.結構論：指梵唄本身的文學及使用的語言，還有樂曲的結構。

爲什麼會有這樣的理論產生，其推導的過程請見拙著《魚山聲明集研究》第三章「本論文的研究方法」部分。其實，本書的撰作本來是爲了研究論文《魚山聲明集》所發現的研究方法總結。由於《魚山聲明集》內的梵唄現爲日本佛教天台宗所傳承，筆者於研究該書過程當中，無意間發現我國梵唄存在流變的現象，因此集結這次研究心得，來談自己所知道的中國佛教的梵唄發展歷史。

不過在此特別說明二點：其一，由於原先筆者基於研究《魚山聲明集》的關係，在中國佛教梵唄發展時期的研究僅到唐朝會昌年間，因此有關唐朝會昌以後的佛教梵唄發展，尚不及深入研究，只能以備考性質而作。事實上就中國佛教的梵唄發展史而言，從唐朝流行的整齊式五、七言的詩偈梵唄，一下子變成今天所看到詞曲牌梵唄，是非常重要的轉折點，諸如爲什麼會有這種變化，還有，民間出現趕經懺，為人作超渡法事，這與佛教唱誦風格地方化有很大的關聯；此外，僧人作品的出現成為梵唄的現象等等，諸如此類的問題都關涉到今天梵唄的風貌，如此複雜的問題不是三言兩語就能說得清楚。筆者到現在還在追索這個問題。因此，本書僅存略說，至於詳情，則有待來日的說明。其二，眞言宗與西藏密宗在本書討論當中並未列入，這是因為眞言宗教理別開一路，其音聲與儀軌的理論頗為複雜，也不是一下子就能說清楚，限於規模，有需要歸為別冊，說明之時亦有待於來日。缺憾之處，敬請見諒。

這次能夠出版這部書籍，首先要感謝的是法鼓文化王尙智先生的支持，及編輯部門的協助。至於研撰的過程當中，給予協助的人很多，在此也一併感謝。

茲因所得甚少，資質魯鈍，不周之處，所在多有，故懇請各方不吝賜教。倘若這點淺見能夠收到抛磚引玉之效，即是心願所在。

民國八十九年十月於香港新亞研究所

# 目錄

梵唄史談

第一篇

# 緒言

# 第一篇　緒言

## 一、媽媽的音聲

這世上，再也沒有像梵唄這樣深情的音聲了！

不論是在北邊的高原，乃至南邊的海岸，甚且是烏蘇里江的邊上，還是帕米爾高原陲脊，這「普天之下，莫非王土」的中國，處處都看得到寺廟。寺廟裡，除了如雲如蓋的裊裊薰香，就是那陣陣潮音似的佛號誦經聲。誦經的人，有廟裡的法師，還有我們的母親。

寺廟的周邊，常常是戶戶佛堂的鄉鎮。佛堂裡，則常常見到手持淨瓶，立足雲端或趺坐蓮花的佛菩薩畫像；伴隨著代代相傳的熏香煙暈，是木魚聲，也是那佛號誦經聲，誦經的人也是我們的母親。

梵唄裡，有媽媽的音聲；那兒有多少祈求的音聲、感恩的心聲。這份心聲，常常託付給眼前碩大莊嚴的佛菩薩聖像。在那個郵電不發達的時代裡，佛菩薩可能是最可靠的信差，祂們常常要把這份慈母寄付的愛，遞予那雲端之下的遊子。

就這樣，佛教深情地走入了每戶人家。不論人們認識佛祖與否，儘管他們對教義一無所知，就算是願意徜徉在這難忍難耐的五濁惡世，還是無視於另一個美麗而遙遠的極樂世界，哪怕是中觀與唯識，抑是八宗和五葉，經聲和佛號能夠獲得心安與庇佑，是千年以來人們的共識。梵唄，就算內容是多麼艱難，義理再怎樣深奧，再難唱的曲調，大家還是願意念，願意唱，只因爲，梵唄，是媽媽的音聲，是希望的音聲，也是感恩的音聲，更是那代代相傳，風俗淳厚的音聲。

毫無疑問，佛教發軔於印度，是擁有最深奧哲學的宗教之一，若非受過哲學教育的知識份子，其教義恐怕不易令人接受。然而它竟然能夠跨越過世界的屋脊喜馬拉雅山，走遍了亞洲的原野，飛越了廣闊的海洋，成爲世界上最大、分布最廣，擁有最多信徒的宗教，這並不是偶然的。事實上，這份寄託了慈母祈求的音聲——梵唄，就在佛教遍行世界的旅程中，扮演了重要的角色呢！

世上很多宗教都是仰賴音樂來傳播教義。基督教有聖歌，回教有祈禱聲曲，道教有科儀與道情，佛教則是梵唄。然而所有宗教音樂皆有一共同特性：就是宣揚其教主的偉大及其崇拜的意義，使信徒升起信仰的殷望。佛教的梵唄則有其獨到之處：不僅有崇拜佛菩薩的信仰部分，更有其修行的功能，也就是所謂的修行法門。這種音聲法門不僅成爲僧人們終身的事業，每日持誦經咒不斷，還形成了寺廟生活的重心。在中國，很多寺廟道場每天朝暮固定的五堂功課不算，還有很多的法會，如講經、佛七、禪七、節日法會、信徒應酬等等，這些都會用到梵唄。而僧人與信眾們不論是住在茅蓬，還是在公寓，乃至大寺廟道場，不論是消災祈福法事，還是個人精進用功，梵唄的運用是處處可見。因此，數千年來傳唱不絕。不僅僧人們因此修成正果，中華文化還因此開展出了嶄新的一頁：聲韻學、音樂、舞蹈及戲劇等等有開創性的成就。而我們的列祖列宗、祖母和母親也得以在那些苦難的日子裡，靠著這些佛號經咒——梵唄，獲得了身心的慰藉。

## 二、宣教助手

佛教，以一個外來的宗教，其文化能夠成爲中華民族文化的一部份，究竟是什麼樣的因素，使得中國人願意傾心接受，甚至積極吸收它的思想呢？固然，這和佛教的教義有關，但最得力的，還是在於歷來傳教大師們。他們以德行、修持感悟了君主，也感動了黎民百姓；他們還積極介紹了博大精深的佛教哲學，大量翻譯經典，把佛教思想介紹給中國知識分子；他們也制定佛門的儀規，推動可實踐的修行法門（例如：禪修、持咒、念佛等），使佛法生活化的理念落實在中國這塊土地上；他們更舉辦了各種法會，擴大與群眾的接觸面，向民間廣闊地宣揚佛教的慈悲教義。就這樣，佛教哲學不但使知識分子們接受，也獲得極高評價，佛教的實踐方法受到了大眾的認同，佛教的法會更獲得普遍的歡迎，這使得到今天每逢吉慶喜日，上廟燒香拜菩薩，成為中國人根深柢固的觀念和習以為常的事情。

在這段日子裡，扮演最得力的宣教助手，吸引群眾最重要的角色，除了弘法的大師們獨特的魅力，就是那佛教的梵唄。不論是在廟堂之上的經論講座，或是為祈福而設的大小法會之上，梵唄總是運用美妙的音符，來詮解簡單而深刻的佛教哲理，並傳遞了慈悲而深情的關懷。這些梵唄的內容通常包含了兩個部份：分別是在於讀誦經典，與讚歎佛菩薩的讚歌，即佛經本身就具備兩種文體：「詩偈」與「長行」，兩者都是梵唄的主要內容。然而傳入中國之後的佛教卻有所分別：讀誦經典稱之為「轉讀」，而讚嘆佛菩薩的古代佛教歌曲的讚頌，則稱之為「梵唄」。梁代慧皎法師於《高僧傳》中，曾就梵唄的定義做說明：「然天竺方俗，凡是歌詠法言，皆稱爲唄；至於此土，詠經則稱爲轉讀，歌讚則號之爲梵唄。」這裡我們要談的梵唄，主要就是指佛教使用的誦經儀式及法會上所唱念的讚歌，而史談的內容則是追溯梵唄的根源，和傳入中土後的發展與流變的概況。

## 三、中華民族音樂文化的一部分

梵唄在佛教裡通常被賦予讚頌與修行兩種功能。特別是後者，唱誦梵唄可以使人心情平和，甚且進入禪定狀態，是以「音聲卒成爲佛事」。然而，最主要的還在於梵唄是附著於法會儀軌來發展的。儘管佛教自東漢傳入以來，其間雖然有過宗派的分立，但佛教始終沒有停止過它的活動，梵唄也是這樣毫不間斷地流傳著，基本上還是在於儀軌與清規的關係。是以梵唄自古即廣受佛教各界的重視，在《高僧傳》等歷來的佛教高僧傳記上都有記載，並闢有專欄。而《釋氏要覽》引《菩薩本行經》說明了梵唄內容之一的讚佛功德，這可以看出梵唄在佛教受到重視的程度：

阿難白佛言：「若使有人以四句偈讚嘆如來，得幾功德？」佛言：「正使億百千那數無數眾生，皆得辟支佛道，設有人供養是等衣服、飲食、醫藥、床臥敷具，滿百歲，其功德多否？」「可難言甚多！」佛言：「若人以四句偈，用歡喜心讚嘆如來，所得功德，過於上福，百千萬億倍，無以爲喻。」

梵唄既然有如此無以爲喻的百千萬億倍功德，自然廣受佛教各宗各派的重視，對中華文化也自然起了一定的滋潤作用。中國佛教的梵唄與古代印度佛教的梵唄基本上是一脈相傳的。因此，中國佛教梵唄同佛教學說及哲學一樣，只是全部佛教史的「流」，至於它的「源」，自然不在中國。從本質上來看，中國佛教的梵唄文化並非中國本有的東西，它承襲了印度佛教的梵唄文化；另一方面，佛教梵唄同其他佛教文化一樣，不僅僅是作爲宗教音樂的文化，也是印度古代民族音樂文化的一部分。從印度傳入中國，大致上來說，是經過了兩條管道：一個是佛教傳教人士的管道，另一則是國家與民間的外交管道。當它在中國扎下了根，一方面作爲宗教的文化藝術，保留並流傳在寺院裡，另一方面則做爲華夏民族的新興文化藝術，被保留在宮廷內及民間宗教活動裡。佛教自東漢初傳中國以來，大概經過了六、七個世紀，中國人才逐漸認識、了解並接受，而逐漸的轉變成爲屬於中國寺院的音聲文化，與成爲中華民族的音樂文化的一部分。

# 第二篇

# 印度佛教梵唄概說

# 第二篇　印度佛教梵唄概說

## 一、佛陀的非樂態度

### 基本教理

佛陀成道以後，說法四十九年，爲眾生揭示離苦得樂的法門。那麼，什麼是苦的原因？苦是怎麼造成的？這樣的議題佛經裡處處可見。然而，有一種苦的來源，是在於「執假爲實、顚倒妄想」之上，那就是「愛、集苦」，《中阿含經・分別勝諦經》上說：

云何愛、集苦、集勝諦？謂眾生實有愛內六處：眼處、耳、鼻、舌、身、意處，於中若有愛、有膩、有染、有著者，是名爲「集」。……云何知耶？若有愛妻、子、奴婢、給使、眷屬、田地、屋宅、店肆、出息財物，爲所作業，有愛、有膩、有染、有著者，是名爲集。

這也就是說：一旦「有愛、有膩、有染、有著者」，使得眾苦逼身，就成了所謂的「集苦」。而集苦的來源，無非就是被稱之爲六根的眼、耳、鼻、舌、身、意。而能使六根發揮功能的則是「心」的力量，心緣於六根，沾染了六塵——色、聲、香、味、觸、法這六個外境，種種「愛、膩、染、著」生起，由於昧於因緣假合的外境，使人墮入物慾橫流的迷失，造成了「執假爲實」的錯誤觀念，以致「顚倒妄想」，造成人類種種痛苦。因而，如果我們能夠了解這個道理，修習種種對治法門，糾正種種六根的不正確觀念，使對境不生妄想，認識到世間的一切法，原來就是因緣假合，那麼我們就不再隨意執著，就能夠消除煩惱，去除這個集苦，獲得眞正的智慧與快樂。

這就是佛教離苦得樂的基本教理。同時這種因緣假合的觀念，也正是佛教面對一切世間法的政策，「空性正見」則是佛教最高的教義指導原則。音樂，就是屬於這六塵之一的聲音。由於聲音並非恆久敘駐，正是因緣假合的緣故，因而不取音樂，不樂聽聞音樂的「非樂」政策，對佛教而言是不足爲奇的。這是因爲聽音樂會妨礙戒律持守，對禪定修行起了一定的障礙，是以在八關齋戒當中就有「不往觀歌舞倡伎」的戒律：

多聞聖弟子若持齋時，做是思惟：阿羅訶眞人盡形壽離華鬘、纓絡、塗香、脂粉、歌舞、倡伎及往觀聽，彼於華鬘、纓絡、塗香、脂粉、歌舞、倡伎及往觀聽淨除其心。我於此日此夜離華鬘、纓絡、塗香、脂粉、歌舞、倡伎及往觀聽，斷華鬘、纓絡、塗香、脂粉、歌舞、倡伎及往觀聽，我於華鬘、纓絡、塗香、脂粉、歌舞、倡伎及往觀聽淨除其心，我以此之於阿羅訶等同無異，是故說齋。

這裡所指的歌舞倡伎，顯然就是所謂的「俗樂」，由於俗樂的本質就是煽情惑慾，因此在佛陀教制當中，往觀歌舞倡伎成爲戒律之一，是可以理解的。八關齋戒尚且爲在家人受持一日一夜就如此嚴格，何況長期出家的沙彌、沙彌尼與比丘、比丘尼呢?上述佛陀的開示，很明顯的告訴我們，不樂聽聞俗樂就是教制上的戒律之一。有關這方面的理論，釋昭慧法師的研究相當透徹，筆者特別引用他的見解做以下的說明。

## 白衣歌舞，沙門不為

僧伽本來就不同於凡人。僧伽的威儀有「內攝諸根，外孚眾信」的功能。《雜阿含經》卷十二說：

於色聲香味觸法六境界，
一向生喜悅，愛染深樂著；
諸天及世人，唯以此爲樂，
變易滅盡時，彼則生大苦。
唯有諸聖賢，見其滅爲樂，
世間之所樂，觀察悉爲怨；
賢聖見苦者，世間以爲樂，
世間之所苦，於聖則爲樂。

既然「世間之所苦，於聖則爲樂」，那麼僧伽自然就不能夠與俗人一樣做相同的事情，他們通常要遠離塵囂，刻苦潛修，捨棄世間一切娛樂。倘若沙門也有聲色娛樂，那麼與在家人是毫無分別了。這種超越凡俗的角色扮演，在當時印度也好，來到中國也好，在社會上都是受到矚目與敬重的。非樂，在大眾對沙門「超越性人格」的期許之下，自然就成爲共識。於是在《四分律》裡面就有：

> 於聖法律中，歌戲猶如哭，舞如狂者，戲笑如小兒。

以僧人身分，像在家居士一樣的唱歌跳舞可說是失去威儀的象徵。所以不僅世俗娛樂性歌舞不允許，甚且連富有宗教性的伎樂供養，事實上在律儀當中也有不允許的記載。《五分律》就記錄了諸比丘想要用歌舞供養塔，結果在家居士有反對的回應：

> 白衣歌舞，沙門釋子亦復如是，與我何異？

僧人不得參與伎樂供養的做法，在其他戒律當中也有記載；白衣大眾聲稱「與我何異」亦是値得深思的。而《十誦律》則記載了有關比丘尼往觀歌舞伎樂，被譏笑爲「如王夫人，如大臣婦」。這說明了一件事情：僧人往觀伎樂，不僅不會受到尊重，反而是會遭到在家信眾譏嫌。「六群比丘尼」的故事則說明一個極端的情況。在經典當中有一個故事：六群比丘尼觀伎兒戲樂時高聲大笑，眾人也跟著笑起來，她們又立刻坐禪靜默，等眾人笑聲終止的時候，她們又大聲拍手大笑起來，這樣一來，眾人就不看伎人表演，反倒看這些比丘尼淘氣小兒的舉動，如此的表現不僅大眾不加尊重，反成大家注目焦點，這種失態的表現當然是不會受到尊敬的。僧伽同在家眾載歌載舞，致使威儀喪失，正是使「往觀伎樂」變成戒律的原因之一。

事實上，佛教僧人主要專事修行和弘法，本來僧人應該是無暇於外務的，倘若耽溺此道，造成曠廢時日、捨本逐末的現象，確實是得不償失。在《根本說一切有部毘奈耶雜事》裡面有一個故事，善和比丘諷誦佛經，由於他的音韻和雅，讓聽聞的人心生歡喜，結果竟然讓那些只想聽梵唄而修行還不到家的比丘們「咸廢己業，於日日中聽其讀誦」。這個故事告訴我們，在心未得解脫以前，連宗教性讚歌，都可能成爲修道障礙。不過筆者有一個看法：假如只是「日日中聽其讀誦」，是有可能會咸廢己業，但若能夠「日日讀誦」，則不但不會咸廢己業，還可能會道業增長。是以，梵唄其實不是用來「聽」的，而是用來「唱」的。因為內心染著音聲優美，忘失經唄裡的義理，所以最好是自己能夠讀誦，容易得其義理。是以《高僧傳》當中以為最理想的轉讀，就是「聲文兩得」。

## 世俗音樂於道有礙

就音樂來說，雖然在佛法中列為非善非惡的「無記」，然而音樂卻能使人心生愛著，不忍捨離，致使僧人怠惰正業。若是聽聞那種男歡女愛的靡靡之音，更易於想入非非。《五分律》記錄了一個故事：有僧人因為往觀歌舞作伎，結果「生染著心，不復樂道，遂有反俗作外道者。」就因為看了俗人的歌舞伎樂，竟使僧人萌生反俗念頭，可見世俗音樂對於佛道的障礙也是不容忽視的。

而《雜阿含經・八九九》則有一個故事。遮羅周羅那聚落主來到佛的駐錫之所，問了佛陀一個問題：

瞿曇！我聞古昔歌舞戲笑耆年宿士作如是說：「若伎兒於大眾中歌舞戲笑，作種種伎，令彼大眾歡樂喜笑，以是業緣，身壞命終，生歡喜天。」於此，瞿曇法中所說云何？

聚落主的問題，佛陀本來不願意回答，但經對方再三請求，佛陀只好用「以繩反縛」來比喻：

「譬如有人以繩反縛，有人長夜以惡心欲令此人非義饒益，不安不樂，數數以水澆所縛繩，此人被縛豈不轉增急耶？」

聚落主言：「如是，瞿曇！」

佛言：「聚落主！古昔眾生亦復如是，不離貪欲、瞋恚、癡縛，緣彼嬉戲歡樂喜笑，更增其縛。」

聚落主言：「實耳，瞿曇！彼諸伎兒令其眾生歡樂喜笑，轉增貪欲、瞋恚、癡縛。以是因緣，身壞命終，生善趣者，無有是處！」

佛告聚落主：「若言古昔伎兒能令大眾歡樂喜笑，以是業緣，生歡喜天者，是則邪見！若邪見者，應生二趣，若地獄趣、若畜生趣！」

佛陀以爲「若言古昔伎兒能令大眾歡樂喜笑，以是業緣，生歡喜天者，是則邪見！」這樣明顯的非樂說法，主要就是因爲音樂（俗樂）在佛教而言，會成爲「不離貪欲、瞋恚、癡縛，緣彼嬉戲歡樂喜笑，更增其縛」的緣故，是以特別揭示世俗音樂將有「近惡墮惡」的危機。即如《雜阿含經・二四三》所說：

愚癡無聞凡夫，寧燒鐵錐，以鑽其耳，不以耳識取其聲相，取隨聲好。所以者何？耳識取聲相，取隨聲好者，身壞命終，墮惡趣中，如沈鐵丸。

因此淫佚放浪的音樂使人無形中感染惡習，引人墮惡，這與佛法離苦得樂的教義，是大相逕庭的。因此，佛陀只有對這種世俗音樂制下戒律，其原因與此不無關係。

## 制戒非樂，杜絕聲塵

就「戒、定、慧」三學來說，本來是互爲增上的。後者若無前者的基礎，也就無法引發與增進。然而，此三學最要緊的、也是最關鍵性的，顯然就是「定」。

定，經常獲得的途徑是禪修，因此禪修可說是佛教修行最重要的法門。經由禪修過程獲得的定，就是修行證果的重要途徑。

佛陀制定戒律否定音樂，固然是因爲音樂有導引俗欲，荒廢道業，喪失威儀的負面價值，然而其意義並不僅此而已。好的音樂還是有助於美好人生與和諧社會的建立，佛陀之所以制戒非樂，目的就是在於音樂對禪定有妨礙，甚且生害。《法苑珠林》卷三十六引《菩薩處胎經》裡的一個故事：

有一緊那羅名頭婁羅，琴歌諸法實相以讚世尊，時須彌山及諸林樹皆悉震動。迦葉在座不能自安，五百仙人生狂醉失其神足。

而《大樹緊那羅王所問經》裡也有這樣的故事：大樹緊那羅王的一番美妙彈唱，竟使一切聲聞大眾：

各從座起，放捨威儀，誕貌逸樂，如小兒舞戲，不能自持。

儘管是天上的音樂之神，所彈奏者雖屬微妙之聲的音樂，實則還算是「聲塵」而已，就造成五百仙人「生狂醉」和「失其神足」。就佛教的教理來看：執著於五塵，即成五欲，深度執著而形成的心神專注，對於棄捨欲樂的正定修習都會形成堅固的障礙。由於正確的定，還須由正確的念來引發，修禪定的工夫是要將正念的心繫一處，而不能將心念繫於他處，更何況是流轉中的美妙旋律之上。相對的來說，這些對旋律的執著，將會造成餘音不斷的效果，即使是事過之後，仍會不斷浮現在心中，這對修學禪定的人而言，是一大干擾。因此緊那羅(天龍八部最善歌音樂者)的琴歌造成須彌山及諸林樹皆震動，五百仙人因定力不足，使其喪失禪定，造成狂醉失足。

值得驚奇的是，經中記載著，向以佛陀座前頭陀行稱著的弟子，四果大阿羅漢，大迦葉，以其工夫竟然「在座不能自安」。而大樹緊那羅王的彈唱，竟使聲聞大眾「各從座起，放捨威儀，誕貌逸樂，如小兒舞戲，不能自持。」可見音樂確實有干擾禪定的情況，聲聞固然不致於如此誇張，但若自身修行尚未離欲者，或許未能倖免於難。這兩則故事值得我們學佛的人深思。

所以不僅是世俗音樂不能夠涉獵，就連過度的歌詠聲說法，佛陀都勸弟子最好能夠避免。《四分律》就有這樣的說法：

若在寂靜之處思惟，緣憶音聲，以亂禪定。

總而言之，禪觀的修習過程，不當的聲音必定產生干擾作用，假使禪者在聲音上生出染著，追尋戀棧，這都屬於貪欲蓋之一（佛門稱之爲「五蓋」），使能覆蓋其心，令不得定。這就是佛陀將音樂列爲禁戒最重要的理由。

## 離欲得解脫，音樂為警戒

其實，做歌詠則喪失威儀以遭人譏嫌，又壞了居士們的敬信；耽溺歌樂，則懈怠禪定誦持，遠諸善法，防亂一心，增長愚癡，凡此種種，無非都是基於一個原因：音樂，可能造成障礙解脫。

本來世間音樂主要的功能乃於宣洩情緒與表現情懷，思想傳達反而不是重點。大凡人們聽聞音樂，經常被激起情緒的則是樂曲，而歌詞部分則不多。紅塵滾滾的人生，原就充滿了情慾，沉浮上下，所以原始佛教的態度，就是竭力要把這種愛欲爲主的情感揚棄，這包括音樂在內，而將這些導致人類貪、瞋、癡、慢、疑的各種因素去除，導向純淨、明鍊的般若智慧，趨向於涅槃境界。

在《根本說一切有部雜律事》中有一個有趣的故事可以說明音樂如何障礙解脫：猛光王請大迦多演那尊者及諸僧眾接受供養，國王命令倡伎演奏音樂，並有宮人翩然起舞。然而尊者及諸僧卻整容端坐，不爲所動。鼓樂停罷，國王問尊者：樂隊演奏如何？尊者回答：「大王，那要見聞演出的人才知道好壞。」

國王十分驚異的問道：「諸根內闇的人或許無法知道，像你我這樣的人，哪裡會有不聞不問的可能？」

尊者便要求國王以一死囚做實驗，以缽盛滿油，令死囚繫著缽而走動，並先威嚇他：只要有一滴油外漏，當即處斬。而在他行走的時候，許多倡伎在他面前演奏許多好聽的音樂。死囚卻將精神全部灌注在這個缽的平衡之上。最後國王問死囚那些伎樂演奏得好不好時，囚犯竟然一無所知。此時尊者告訴國王：

「大王，此人但爲一生命，懼遭大苦，殷重正念，不爲縱逸，善護自身；況我苾芻，於諸歌舞並皆捨棄，此事多生苦痛因故，寧容輒更欲見聞耶？」

佛教僧人確實同於這位死囚的心情，懼死不已，哪有閒情去想眼前的倡伎演奏得如何。生死無常是修行人畢生的大事，「生死不了，簡直如喪考妣」一般，但若著迷音樂，擾亂聽聞，致使修行人忘失其本業，那麼音樂的障礙修行之事，再也沒有比這個更明顯的。

從上述來看，我們不難了解到釋迦牟尼佛就佛教的教理和修行的需求，制下不往觀俗樂的「非樂」政策，無非就是爲了保護修行者。正乃「業不重不生娑婆」，及「南閻浮提眾生，起心動念，無不是罪，無不是業」，人間是一個充滿慾望、逸樂的迷幻世界，眾生經常執假爲眞、顚倒妄想。對於有志學習佛法的人們，爲了脫離這些人間欲樂，業力簡直就像發射火箭時需要強大動力以脫離地心引力的牽制，要脫離業力的牽引，眞是談何容易！釋迦牟尼佛認爲眾生想要解脫，第一要務就是要能夠離欲，以是音樂成爲禁戒的對象，其用心之處是不難想像的。

## 二、對音樂的鼓勵政策

### 方便法

但就以度眾生的立場來說，佛陀對音樂則有其鼓勵的說法，這部分思想主要是來自大乘佛教的教理。大乘教法對於音樂的探討甚爲廣大，然而音樂在大乘佛教主要的功能，還是在於讚嘆與教化的功能，要言之，則統攝於「方便」思想之下。於此，是以天台宗的相關教理爲主要範疇，來探討佛陀鼓勵音樂的主要政策，圓融無礙的「方便法」的思想所在。

關於天台宗教理，佛陀鼓勵音樂的政策，主要來自《妙法蓮華經》的方便思想。所謂方便（梵語：upāya），又作善權，是指巧妙地接近、施設、安排等，乃一種向上進展之方法。大乘佛教許多經論中常用此一名詞，當中最著名者，要推舉《妙法蓮華經・方便品》所揭櫫的方便義。《妙法蓮華經・方便品》揭示佛以「一佛乘」，以「開權顯實」，「會三歸一」來教菩薩法，行菩薩道。方便法乃爲一佛乘最重要核心，堪稱大乘佛教的教義精華所在。而方便法思想的內容爲何？《妙法蓮華經玄贊》卷三對此有清楚揭示，舉出四種方便：

1.進趣方便：「如見道前之七方便等，進趣向果，名爲方便。所學有則曰方，隨位修順宜曰便。」所謂「見道前之七方便」，是指聲聞入見道以前之七位：五停心觀、別相念住、總相念住、煖法、頂法、忍法、世第一法，又稱「七方便位」或「七加行位」，主要是爲求獲得菩提而作的準備「加行」，亦即所謂的「加行道」。

2.施造方便（即施爲方便）：主要就是「方便善巧波羅蜜多」，即菩薩爲達成理想目的，或是爲了度化眾生，所作的善巧之事。可約分爲三點：

(1)教行方便：言音可曰「方」，秉教獲安便名「便」。

(2)證行方便：空理正直曰「方」，智順正理曰「便」。

(3)不住方便：蒞眞入俗曰「方」，自他俱利曰「便」。

3.集成方便：諸法同體巧相集成故名方便。即諸法之本質均同，一中即具一切，一切之中亦成於一，彼此巧妙地相集互立。如諸恆河沙數那樣多的佛法，譬如可以智與識來含攝一切佛法，就是所謂的集成方便。

4.權巧方便：實無此事，應物權現故言方便。謂以三業方便化眾生，此對實智而言，即爲方便。

## 以縛為脫

從前面揭示，我們了解大乘佛教的要義就是菩薩道。換言之，方便法的施用，具體作爲就是：開權顯實。這可以分成兩方面來說：

1.就眾生的根器，或是眾生的問題，來因材施教，以其能夠接受的方式，接引入門。

2.就眾生的根器，或是眾生的問題，來因材施設，設計對方能夠修行的法門，使他成就。

由於菩薩悲心，顧念一切眾生流於生死業海，執假爲眞，不解諸法實相，而產生種種痛苦。菩薩已於如實了知諸法實相，而能捨離生死。然而菩薩並不以自我解脫爲滿足，更要緊的就是以濟度一切眾生爲念，尋求有緣眾生欲以濟拔。因而，菩薩便以顧念眾生之故，而不捨生死，依求佛智之心而熾然精進。然而眾生根性，剛強難調，因而菩薩教化眾生，必須種種方便施設，主要是在於「以縛爲脫」的教理上進行，如智者大師在《法華文句》中所說：

> 爲行違理則縛，縛是虛故稱權。爲行順理則生解。解冥於理故稱實。非縛無由求脱，得脱由縛。如因屍渡海，屍有濟岸之力故，稱歎方便。因果者，因有進趣暫用，故名權。果有剋終永證，故爲實。

縛者，在小乘佛教教理中認定有礙解脱，乃否定之對象，然而智者大師就《妙法蓮華經・方便品》揭示的教義，具體說明了方便思想的要義，正是「巧把塵勞作佛事」，此乃妙義。佛陀在此品中開示：菩薩要能爲引導眾生，成就眾生，對於眾生的「縛」，也就是眾生的問題，要能夠善用籌謀施設的智慧，來教化眾生欣樂佛果的殊勝，欣求無上菩提，再就眾生的問題（通常是慾望）與需要，善巧引導他們來積極行善，使令眾生以其微少善根，漸次獲得無量善果，終能捨邪歸正，捨小歸大，啓發他們的無量善心，促使沒有信仰的人們對佛法產生正確的信解，而導入正信，也讓已經信仰的眾生方便修行，而使其成就。最後使成熟根性的眾生（已發菩提心者）得解脱而證果。

要言之，方便思想的目的，就是讓菩薩以教育衆生爲己任，以解決一切衆生的問題爲自己修行對象。因此智者大師開示，能夠引領衆生走上解脫道，乃至一佛乘的重要教材，就是縛。菩薩針對這些衆生的縛，廣設無量的方便，令衆生就縛之因果起正信，而能成就以縛爲脫的妙法。此乃趨向一佛乘之方便。

## 耳為增上緣

就音樂而言，在方便法教理統攝之下，其具體的做法，我們且先從《瑜伽師地論》「菩薩當從五明中求佛道」的教法來看。鑑於世俗普遍對音樂的喜愛，《瑜伽師地論》卷二十七就有所謂的運用耳爲「增上緣」的聲善巧之教理：

云何處善巧？……處善巧者，謂眼爲增上緣，色爲所緣緣等無間滅。意爲等無間緣。生起眼識及相應法。耳爲增上緣，聲爲所緣緣等無間滅，意爲等無間緣，生起耳識及相應法。

耳，之所以能作爲增上緣，乃是就觀「聲」之「性空」此一法性，能夠得知

「因緣所生法」，終能「轉識成智」。因此，音樂在大乘佛教教理之下，佛陀便不再像教授聲聞乘那樣，一味的否定音樂，反而在「迴小向大」的大乘佛教精神之下，回歸到度化無量無邊眾生的菩提道本懷。基於上述義理，我們可以了解到，大乘佛教對於音樂開啓了一條圓融無礙的路線。音樂成爲佛教可以修行的一個法門。如同《大樹緊那羅王所問經》所說：

天冠菩薩復白佛言：「云何以琴及妙歌聲、諸伎樂音教化眾生？」佛告天冠菩薩：「善男子，緊那羅等，乾闥婆等，摩訶羅伽等，好樂音樂。是大樹緊那羅王，善自調琴和眾伎樂，是緊那羅眾、乾闥婆眾、摩訶羅伽眾，起大愛樂信解增敬已，於是音中出於佛聲、法聲、僧聲、不忘菩提心聲……（略）作一切功德三昧聲，觀菩提三昧聲。善男子，是琴歌音諸伎樂中，出於如是三昧聲，令諸眾生受化而去。菩薩摩訶薩，成就如是希有之法。」

如上所說大樹緊那羅王的音樂，但以在家身分，以法言爲主的伎樂，用來教化愛好音樂的眾生。要言之，在菩薩道「自度度人」的教義之下，音樂不僅可以用來自己修行，還能夠用來度化眾生，那就是爲了度化眾生而設的方便思想。但非以欲樂自娛，要點仍就在於教化眾生。就此佛陀在《妙法蓮華經·方便品》對音樂有了超越性的開示：

若使人作樂，擊鼓吹角貝，簫笛琴箜篌，琵琶鐃銅鈸，如是眾妙音，盡持以供養，或以歡喜心，歌唄頌佛德，乃至一小音，皆已成佛道。

《妙法蓮華經》教旨乃言，眾生起心一念，皈依我佛，皆有成佛的機會。只要能夠開啓眾生對佛陀教理的認識，都是通往成佛大道的一佛乘。這其中還包含了六根六塵在內，這廣設種種無量方便的做法，正是前面我們所揭示的耳爲增上緣的善巧方便原理，使眾生欣慕佛法，心生善念，念佛形象，歎佛功德，使六根六塵可以轉成六智，讓煩惱可以變成菩提。毫無疑問，是無比微妙的方法。然而我們從「盡持以供養」與「歌唄頌佛德」兩處得知，這種佛陀開許，使眾生「令得入佛慧」的音樂，要領還是在於供養與讚嘆之上。或許，佛教有伎樂供養的儀式，與此不無關係。雖然，即使是從前佛陀對弟子們教導的有礙聖道的音樂，到《法華經》都成了

「方便」，難怪會有部分弟子無法接受而退席離去，然而站在眾生的立場來講，只要能夠讓眾生「令得入佛慧」，都是方便法門，都是佛法，也就是通往成佛的大道。屆此，音樂已成爲佛法上的極致——通往一佛乘的大道。佛陀教法奧妙的程度，可算是淋漓盡致了。

## 馬鳴《賴吒和羅》

就此來看，不免令人疑惑的是，佛教既然有非樂的政策，又有鼓勵音樂的方便法門，那麼佛子們該怎麼樣來看待音樂呢？筆者以爲，弘法者本身應有威儀乃無須待言，但以教化眾生爲念，權且遊戲世間法，引導眾生了知諸法實相爲要。要言之，如何引導眾生走向修行正確的佛法，此即「方便即究竟」之義。而人間以音樂作爲教化眾生的法門，令眾生起信入正信的例子，所在多有，其中最有名的要算馬鳴菩薩。《付法藏因緣傳》裡有這樣的記錄：

馬鳴……於華氏城遊行教化，欲度彼城諸眾生故，作妙伎樂名《賴吒和羅》，其音清雅哀婉調暢，宣說苦空無我之法，所謂有爲如幻如化三界獄縛無一可樂。……

如是廣說空無我義，令作樂者演暢斯音，時諸伎人不能解了。曲調音節皆悉乖錯。爾時馬鳴著白疊衣入眾伎中，自擊鐘鼓調和琴瑟，音節哀雅曲調成就，演宣諸法苦空無我，時此城中五百王子同時開悟，厭惡五欲，出家爲道。時華氏王恐其民人聞此樂音，捨離家法，國土空曠，王業廢壞，即便宣令其土人民，自今勿復更作此樂。

這是一個很有趣的故事。《妙法蓮華經》雖然開示眾生即使有一小音讚佛者，皆已成佛道。但是眞正將它具體化的，要算馬鳴菩薩這首《賴吒和羅》曲。馬鳴菩薩帶給我們的啓示是：即如對音樂主張開放政策的大乘佛教，馬鳴菩薩並不直接參與演奏，而是穿上白衣居士的衣服，進入樂隊裡指導演奏，顯見菩薩恪遵僧伽不參與鳴鼓作樂的教誡。因此大乘佛教對於音樂的使用，儘管有開放性的政策，還是得以戒律爲基礎。而音樂的用途，也不外乎「宣說苦空無我之法」的佛陀教示內容。所以基本上，如同大樹緊那羅王一樣，佛教使用音樂還是有一定的規矩，並不是照單全收，而是有其一定的要求，猶如「音節哀雅」就是非常重要的風格。

值得一提的是，這首《賴吒和羅》在印度與中國雖然夭佚，但在日本迄今仍然保存著。日本天台宗的聲明根本道場大原魚山寺所保存的覺秀本《魚山叢書・鼻・六三》中就有稱之爲《賴吒和羅枳曲》古譜，由於這是首很特別的神奇曲子，故將歌詞收錄於次：

有爲諸法　如幻如夢
三界獄縛　無一可樂
王位高顯　勢力勢力
自在無敍　既至
誰得存　誰得存者
如空中雲　空中雲
須臾散滅　誰得存者
如空中雲　空中雲
須臾散滅

該曲的聲調是「中曲・平調」，使用日本鎌倉時代以前的墨譜「目安博士」記錄，標明屬於「唐樂」與「新樂」的風格（中國的天竺與林邑樂系統）。其曲有雅樂合奏，是特殊的聲明曲。目前這首曲子已在天台宗大僧正天納傳中大師等人努力下，於昭和四十八年在日本東京國立劇場，由日本雅樂會定期公演復原演奏。筆者希望以後有緣大眾將這首神奇的曲子引進台灣，讓大家有機會見識一下這首曾經讓五百王子正信出家，卻成了華氏王禁樂的一代佛教大音樂家馬鳴菩薩的作品。

所以佛陀對音樂的鼓勵政策，一言以敝之，以法音宣流，歌詠法言，教化眾生為主要目的。馬鳴菩薩，正是佛教音樂的使用者與創作者的好榜樣。

## 三、梵唄——音聲佛事的興起

雖然佛陀對於在家信眾使用伎樂供養並沒有強制性的否定，但也不採取積極鼓勵態度。然而對於僧團仍採取不鼓勵伎樂的態度，主要就是因為音樂會造成危害禪定，道業受損。然而隨著佛陀的涅槃，廣大的在家信眾為了緬懷佛陀德澤，大量獻上伎樂供養存放佛骨舍利的地方——佛塔。而佛塔的所在地，常常就是僧團所在地——寺院。如此一來，僧團文化受到了很大的影響。其後，隨著佛教的發展，出現了不同主張的部派分裂，對於音聲與音樂接受的主張也隨之不同。唄讚文化，隨著佛教部派的發展，語文使用不同，音樂文化也開始有長足的發展，特別是大眾部，與大乘佛教的教團，對於佛教供養及儀式音樂的發展有顯著的貢獻。

然而佛陀所開許的僧團音樂，卻非伎樂，而是以清唱爲主的音聲佛事，也就是梵唄。梵唄主要以儀式用的「歌詠法言」爲其發展重點。想要對佛教梵唄與音樂的源流有所了解，就必須從源頭看起。目前在台灣佛教界當中，研究大乘佛教起源著名的學者是印順導師，筆者將引用印順導師對佛塔崇拜的研究來作整理，並從佛塔崇拜的討論來談印度佛教對音樂態度轉變的情形，及歌詠法言的傳統形式與演變，描繪出佛教音樂在印度發展情形的輪廓。

## 佛塔崇拜

自從日本學者平川彰以「佛塔崇拜」作爲大乘佛教起源的標竿，這個理論在佛教史學的發展上佔有重要地位。雖然這個理論遭到其他國家的學者質疑，引起學術界熱烈討論。然而，大量使用音樂來供養佛塔，卻是佛教使用音樂一個重要的起源。在家信眾大規模以伎樂崇拜佛塔，成爲當地的重大的慶典，此舉連帶影響到僧團對於音樂的態度轉變，甚且使用音樂來供養佛陀。因此佛塔的崇拜，可謂是佛教音樂興起的標誌。

要談佛塔，得先從「舍利」談起。印順導師說：舍利（śarīra）或稱之爲「設利羅」。唐代僧人玄應所著之《一切經音義》上翻譯爲「身骨」。因此，舍利實際上就是指人類死後身體的通稱。而值得人們建塔來恭奉的有：如來、辟支佛、聲聞、及轉輪聖王。本文所稱舍利則專指佛陀的舍利。

佛陀的涅槃，引起佛弟子們永久的懷念，而其懷念的方式各有不同，例如對佛的遺體舍利，還有遺物、遺跡的崇拜，這些都是佛弟子們對於佛陀崇拜的具體表現。佛陀在拘尸那（Kuśinagara）的娑羅樹下涅槃，受到拘尸那的末羅（Malla）族人供養禮拜，第七天運到城東的天冠寺（Makuṭa-bandhana）接受一種稱爲「輪王葬」的葬禮。所謂輪王葬是轉輪聖王的葬法，是一種隆重的荼毘，也就是用火焚化。荼毘後收取舍利，建塔（stupa）存放，以供信徒瞻禮供養。這些舍利塔，就成了佛教徒崇拜的對象。起初佛陀舍利由八個國家分得供養，這八個國家應該算是最早有佛塔的國家。後來佛塔就越來越多了。《十誦律》記載著自八國建塔以後，佛塔建立的風氣蓬勃發展起來：

爾時，閻浮提中八舍利塔，第九瓶塔，第十炭塔。佛初般涅槃後起十塔，自是以後起無量塔。

舍利塔的建設，從起初的八國開始，後來越來越多的舍利塔被建了起來，尤其到孔雀王朝阿育王（Aśoka）時代，發心廣造多塔，守護佛法，這時的印度已經到處都看得到佛塔了。此時的印度佛教可謂是從佛陀時代的以僧團爲主，逐漸將重心轉移到佛塔的崇拜了。這些塔通常被建在「於四衢道中」，也就是位於城市交通的重要位置，《長阿含經卷第三·遊行經》有這樣的記載：

於四衢道，起立塔廟，表刹懸繒，使諸行人皆見佛塔，思慕如來法王道化，生獲福利，死得上天。

衢道上建塔，很像在交通要道上建立銅像，十分引人注目。而這些塔，通常與廟寺性質的宗教建築物（通常稱爲支提，citty）相結合，或者是距離不遠。這對佛教的宣傳起了很大的作用：交通方便，易於佛教徒聚集從事各項典禮。究竟佛教徒在此做什麼事呢？根據《根本說一切有部毘奈耶》卷二三，平時一旦有佛教徒來到這個地方，裡面的僧人就：

令洗手已，悉與香花，教其右旋，供養制底，歌詠贊歎。既供養已，時……致敬已，當前而坐，爲聽法故。……隨其意樂而爲說法。

信眾來到塔廟，僧人們就教他們香花供養，繞塔，並歌詠贊歎佛陀，然後說法給信眾聽，讓信眾對佛法產生正確的信仰。而僧團們的作息生活又如何呢？在《南海寄歸內法傳》，義淨大師描述了他的所見所聞：

即如西方，制底畔睇及常途敬禮，每於晡後或薰黃時，大眾出門繞塔三匝，香花具設並悉蹲踞，令其能者作哀雅聲，明澈雄朗，讚大師德。或十頌或二十頌，次第還入寺中至常集處，既其坐定。令一經師昇師子座讀誦少經。

從義淨法師的記載告訴我們，寺院中的生活，如同今日一樣，有早晚課的誦經儀式。僧人每天都向佛塔或支提行禮致敬，然後課誦經典。但這還是日常生活而已，每到法會日期，熱鬧場面就成了各方矚目的所在，甚且成了印度各地重要的節慶。《大唐西域記》卷八就有這樣的記載：

每至如來涅槃之日，……是日也，諸國君王、異方法俗，數千萬眾，不召而集，香水香乳，以溉以洗。於是奏音樂，列香花、燈炬繼日，競修供養。

僅僅是在那棵佛成道的菩提樹，一到紀念的法會，人潮便洶湧而來。還有佛的生日、菩提大會、轉法輪大會、五年大會等等，都是《摩訶僧祇律》上一再提到的大法會。不僅前來的信眾數量龐大，就連國家元首都來致敬，場面浩大，當世僅見。這樣一來當然助長佛法宣揚。值得注意的是，音樂的使用，隨著佛塔崇拜日久，越來越被強調。從進入寺廟的歌詠讚歎，到法會盛大場面，演奏音樂，爭執香花，放大光明的燈炬，熱鬧的場面使佛寺都變成了熱市一般。再保守的佛教僧團，也會多少受到影響，而改變了他們的行誼。最明顯的，要算是比丘從禁絕於音樂供養，到後來可以親自參與音樂供養。從此一結果來看，佛塔受到在家群眾的崇拜，固然在佛教的宣揚之上起了很大的作用，但是也直接的影響到了僧團，促使新的宗教意識成長起來。

## 僧團對音樂觀點的改變

前面提過，佛陀時代，僧團原先對音樂採取排斥的態度。佛制弟子不得往觀歌舞倡伎，是因爲有失威儀，常損道業，同時遭到在家信眾譏嫌與白衣無異。然而佛陀涅槃以後，大眾對佛陀的懷念無以復加，遂有大舉供養佛塔的表現。每到節日，四面八方湧來大量信眾，連國家君王也前來參與，佛塔於是形成宗教信仰中心，各種不同的供具與供養方式都在這裡呈現。以佛塔爲主的僧院，到此也無法避免此一習俗。過去佛陀在世時，往觀音樂遭到白衣譏嫌，佛陀涅槃後，不用音樂，也會遭到白衣譏嫌，在時代的推移之下，僧團開始對音樂解禁，採取寬容的政策。

先前雖然戒律上允許在家信眾對佛塔的供養，但大多固守原則，不讓僧人參與這項活動。關於這點《五分律》是這樣記錄的：

佛言：比丘不應自歌舞供養塔，聽使人爲之。

《四分律》也是抱持同樣的看法。但是在《說一切有部》對於音樂的政策就放寬許多。《根本說一切有部尼陀那目得迦》記載著一段關於「從像入城，受吉祥物」故事：

時諸苾芻無有鼓樂引像入城，佛言：「應鳴鼓樂！」鄔波離白佛言：「如世尊說應鳴鼓樂者，不知誰當作之？」佛言：「令俗人作。」復白佛言：「苾芻頗得鳴鼓樂否？」佛言：「不合！唯除設會供養。」佛時告樂人曰：「仁者，汝今可供養大師，不應無故擊鼓作樂，作樂得惡作罪。」

從上面的記載我們發現到，佛陀在涅槃以前，曾經允許在家人供養僧團音樂，可是不允許在家人無故在僧團內擊鼓作樂，更不許比丘參與音樂演出。然而到了佛陀涅槃後，對佛塔的音樂供養已經習以爲常。作爲部派佛教之一的大眾部（Mahasāmghika）對於音樂在僧團的使用是允許的，其戒律《摩訶僧祇律》有下列記載：

波斯匿王往詣佛所，頭面禮足卻住一面白佛言：「世尊，得持伎樂供養佛塔否？」

佛言：「得！迦葉佛般泥洹後，吉利王以一切歌舞伎樂供養佛塔，今王亦得。」佛言：「若如來在世若泥洹後，一切華香伎樂種種衣服飲食盡得供養，爲饒益世間，令一切眾生長夜得安樂故。若有人言：『世尊無婬怒癡，用此伎樂供養爲？』得越比尼罪！」

這樣的記載告訴我們，佛塔可以接受伎樂供養，乃至種種供養，是有其背景的。雖然大眾部說這是佛陀開許的，不論可信與否，佛塔伎樂的供養已經蓬勃起來。值得注意的是這個問題：「世尊無婬怒癡，用此伎樂供養爲？」也就是教內仍有人對此有所異議，然而，大眾部同意對佛塔的供養內容有包含音樂，是以僧伽們在塔寺之內再也不躲避音樂，而使伎樂供養盛行起來。只因爲「爲饒益世間令一切眾生長夜得安樂」緣故。

## 四、佛陀時代梵唄運用的因緣

「唄」的起源很早，就印度部派佛教對於音樂的寬限程度，各有不同，然對於「唄經」這種以經典念誦爲主的清唱，卻是一致同意。在佛陀時代，除了誦經以外，另也有「言說之辭」意思。一般說來，梵唄在佛陀時代僧團裡，其制定是有這樣的因緣：

一般都以爲唄匿就是佛教歌詠之法，事實上，佛陀在世時的唄匿並不完全就是歌詠之法。《毘尼母經》就有這樣的例子：

有一比丘，去佛不遠，立高聲作歌音誦經。佛聞即制不聽。

而《摩訶僧祇律》則提到一個故事，有一位比丘尼：

有好清聲，善能讚唄。……佛言：「……汝實作世間歌頌耶？」答言：「我不知世間歌頌。」

## 強調教學與傳習

從上述二則故事看來，梵唄並不完全等於歌詠。《毘尼母經》的故事告訴我們，高聲作歌音誦經是佛陀所不許的，《摩訶僧祇律》的故事則告訴我們，善唄讚的音聲也不等於世間歌頌。爲什麼高聲作歌音誦經是不行的，而梵唄並不能等同於世間歌頌呢？原來梵唄是用在於僧團的教育。如法國學者Lévi在《佛經原始讀誦法》中引《說一切有部四分律》卷二四之「七法中安居法第四」中說：

> ……若未學欲學，若先學忘欲誦，遣使詣比丘所白言：「大德，是多識多知諸大經，……若未學欲學者，若先學忘欲誦，大德，來教我受學讀誦問義。有如是事聽去七夜。」

要言之，佛制經唄的用意，其目的事實上不在於歌頌，而是在傳道、授業、解惑的教學，在於義理的彰顯。如果聲曲無能將義理適當彰顯，聽者僅得其聲，不得其義，此非佛陀本懷。對理解經義來說，也是毫無幫助的。由於在佛陀時代，印度並沒有良善書寫工具，法，主要是以口耳傳承下來。如何正確讀誦經文，以清晰音聲讓受教者清楚理解，是佛陀對唄經的要求。

## 隨順衆生要求而制唄

由禁制音樂到開許宗教性的音樂，比起伎樂供養來說，歌詠法言是要保守一些。畢竟主事者爲僧伽，而非俗家信眾。然而，因爲眾生的分別心，希望與外道一較長短的心態，要求佛陀隨順因緣制定梵唄。曾經供養佛陀一座大園林供佛弟子們修行，對佛教有過貢獻的給孤獨長者就有這樣的想法，《根本說一切有部律雜事》上提到一個故事：

時諸苾芻誦經之時，不閑聲韻，隨句而說，猶如瀉棗置之異器。彼諸外道諷經典，作吟詠聲。給孤獨長者日日常往禮覲世尊，於其路側聞諸外道誦經之聲。作如是念：「此諸外道於惡法律而爲出家，諷頌經典作吟詠，聲音可愛，我諸聖者不閑聲韻，逐句隨文。猶如瀉棗置之異器。此事我當白大師。」

既至佛所，禮雙足已，退坐一面白言：「世尊，彼諸外道於惡法律而爲出家，我諸聖眾不閑聲韻，逐句隨文，猶如瀉棗置之異器。若佛世尊慈許者，聽諸聖眾作吟詠聲而誦經典。」

世尊意許默然許無說。長者見佛默然許已。禮佛而去。佛告諸苾芻：「從今以往我聽汝等，作吟詠聲而誦經法。」佛聽許諸苾芻眾，作吟詠聲而誦經法。及以讀經，請教白事亦皆如是。

於是給孤獨長者第一次向佛陀請求，讓僧團能夠像外道那樣作吟詠聲而誦經。結果不僅是誦經，就連讀經、啓白都變成了吟詠。然而，給孤獨長者還是不滿足，再度向佛陀提出他的意見：

給孤獨長者因入寺中，見合寺僧音聲喧雜，白言：「聖者，今此伽藍先爲法宇，今日變作乾闥婆城！」時諸苾芻以緣白佛。佛言：「苾芻不應作吟詠聲誦諸經法，及以讀經、請教白事，皆不應作。然有二事作吟詠聲：一謂讚大師德；二謂誦三啓經。餘皆不合。」

佛許二事作吟詠聲，讚佛德、誦三啓。有一少年苾芻，作二事時不解吟詠，但知直說，如瀉棗聲。諸苾芻曰：「佛使二事作吟詠聲，如何不作？」答曰：「我先不解。」苾芻白佛。佛言：「應學！」

佛遣學時，苾芻隨在房中廊下門屋堂殿，皆悉學習吟詠之聲，長者入見，同上譏嫌白言：「聖者，乾闥婆城未能捨棄！」復往白佛。佛言：「應在屏處學吟詠聲，勿居顯露。違者得越法罪！」

從前面的故事看來，佛陀爲了能不能夠吟詠諷誦經典的音聲，實在是煞費一番苦心。在家信眾希望他們所信仰的佛教能夠勝過一切外道，這種心情，佛陀非常的明白，所以同意讓比丘學習吟詠諷誦的經法。然而，就在歌聲充滿了整個寺院的情況下，喧鬧不已的氣氛又不是在家信眾所想要看到的。於是佛陀只好令眾比丘，收攝學習吟詠諷誦的範圍。想不到，在家信眾的要求還是高了些，佛陀只得要求比丘「應在屏處學吟詠聲，勿居顯露」，否則會得到「越法罪」。

就此一情形而論，我們也可以從中了解到，早期僧團被信眾要求誦經講究音韻，並非佛陀本制，而是佛陀滿足眾生的願望而設的。事實上，只要能夠令眾生離苦得樂，佛陀都願意去做。我們也從中發現，信眾的無知，眞是讓佛陀煞費腦筋。講究民主的佛陀，一定會儘可能滿足信眾的願望。但是供養僧團的信眾，他們對僧團的影響實在不可忽視。即如前述，給孤獨長者希望佛弟子像外道一樣學習詠經聲音，佛陀亦從善如流。

## 佛陀的鼓勵

其實，僧團內興起梵唄的原因，與佛陀的鼓勵也有關係。在《十誦律》卷三七有一段關於跋提的故事。跋提擅長唱誦梵唄，佛陀表示嘉許，並說明好的梵唄有減輕疲勞、增強記憶、愉悅神人的作用。而《薩婆多毘尼毘婆沙》卷六則說：師與弟子必須隨聲高下而同誦佛經，或齊聲同誦長句，或齊聲同誦短句，不能彼此衝突。佛陀強調誦經的重要性，並說明了誦經是有一定的規則。

佛陀也非常鼓勵僧團讀誦佛經，大乘諸經中多有這樣的記錄，如同《持心梵天所問經》所說：

「……假使三千大千世界，滿中七寶持用布施，若一得聞此經法者，斯之功德出彼福上。」佛言：「置是三千大千世界滿中珍寶，正使江河沙等，滿中七寶持用興福，不如再聞是經法者，其功德本出於彼上。……當聞是經受持諷誦，爲人廣說。」

佛陀鼓勵梵唄的另一重要原因，是爲了讚佛功德。在前面我們揭示了大乘教典《妙法蓮華經》以音樂作爲方便法的「歌唄讚佛德」，只要歡喜讚嘆佛，乃至一小音，都能夠成佛道，這部分前已述及，在此不贅。

以上就是佛教僧團內佛制梵唄的主要因緣。筆者以爲，梵唄得以流行而且越來越盛的原因，主要在於功德，也就是佛陀的鼓勵最爲重要。然而，在家信眾對於佛教僧團的影響，也不容忽視。像給孤獨長者這樣支持佛教的大護法，在家人對僧團文化的發展，或多或少也是受其影響的。

## 五、聲明與唄讚

若要研究印度佛教如何唱誦經文，研究聲明是必要的。前面講過，佛教僧團唱誦佛經其實並非佛陀所創造，而是爲了順應眾生所請。這告訴我們一個訊息，唄經之法，事實上是印度各宗教共有的傳統，那就是所謂的「聲明」（śabda-vidyā）。聲明，是佛教「五明」之一。所謂的五明（pañca-vidyā-sthānāni），《瑜伽師地論》對此有所揭示，分別是：因明、內明、醫方明、工巧明與聲明。這是印度傳統的五種學藝，也是古印度對於學術的分類方法。不單是佛教，五明也是印度各宗教，特別是傳統的婆羅門教徒所要學習的技藝。玄奘在《大唐西域記》對於五明的教學狀況有所述及：「開蒙誘進，先導十二章。七歲之後，漸受五明大論。」可見五明乃是印度傳統教育（特別指婆羅門種姓）當中重要的學科。此外，五明也是大乘佛教菩薩所必須具備的五種特長，《瑜伽師地論》卷三十八謂：「求此一切五明，爲令無上正等菩提大智資糧速得圓滿。非不於此一切明處，次第修學，能得無上一切智。」

## 聲音在印度宗教傳統的神聖性

言語，被分成四個部分。具有洞察力的智者可以了解這四個部分：前面的四分之三隱藏著祕密，而不會引起任何活動，最後的四分之一則是由人們所交談著。

這是印度傳統宗教典籍，《黎俱吠陀》（Rgveda）描述印度對聲音的觀點。聲音，並不限於人類的你我之間，而是到處都能聽得到。它是生命，一種綿延不絕的潛在力量。印度人以爲在世間上，有兩種聲音，其中一小部分是我們能聽得到的，也就是人我之間的言語交談，可是絕大多數聽不到的，則是無法顯示的、超越知覺的部分。然而，就《喬尸多基奧義書》（Kausītaki Upaniṭad）的看法，口耳交談的聲音足可涵括整個世界的現象，他們認爲，不論言談的聲音也好，議論的聲音也好，都是非常的重要，他們對於聲音所關注的興趣，超過了現象界本身。

聲音，被視爲非常神聖的理由，是因爲古印度人普遍認爲這些祈禱語言的音聲，是來自天神所創製的。就因爲如此，這些語言的發音、文字與文法等相關知識，對印度人而言，有非比尋常的神聖性，而被列爲五種重要的學術五明之首——聲明（śabda-vidyā）。據玄奘三藏法師的說法，謂聲明爲釋詁訓字，詮目流別；季羨林《大唐西域記校注》解釋聲明爲研究語音、語法、修辭的學問。

## 聲明學的源流

前面提到，聲明是有關語言音聲的知識，那麼聲明是怎麼來的？這裡我們先從聲明的源流開始看起。根據《大唐大慈恩寺三藏法師傳》卷三所說，印度的聲明學是這樣來的：

……兼學婆羅門書印度書，名爲《記論》，其源無始莫知作者。每於劫初，梵王先說傳授天人，以是梵王所說，故曰「梵書」。其言極廣，有百萬頌。即舊譯云「毘伽羅論」者是也。然其音不正，若正應云：「毘耶羯剌諵」此翻名爲「聲明記論」。以其廣記諸法能詮，故名「聲明記論」。昔成劫之初梵王先說，具百萬頌後至住劫之初，帝釋又略爲十萬頌。其後北印度健馱羅國婆羅門睹羅邑波膩尼仙又略爲八千頌，即今印度現行者。

聲明的來源，有著十分傳奇又神祕的傳說，然而，藏傳佛教的教史著作《如意寶樹史》卻又有另一種奇特的說法：

聲明，最初在三十三天，由一切智天寫出《薩羅婆闍尼那文法》，其弟子釋提桓因著《因陀羅文法》，講授於普布，使之成爲智者，人稱聲明師。聲明遂由這些人在天界弘傳。聲明傳播到人間的情況是，受佛陀授記，由觀世音護持的一位婆羅門小孩寫出《波尼文法》兩千頌，由布祿龍王的兒子協卻，寫出名爲《摩訶跋卻》的廣釋本共十萬頌。阿闍梨旃陀羅闍彌（皎月）以此本爲基礎，寫出《旃陀羅文法》三十八章，並注釋頗多（七百頌）。又商羯羅王的舅父沙波多瓦羅摩……寫成《迦羅波文法》（四百章），並寫出《玟隙益學》等釋本多種（婆羅流支亦寫釋本）。此外還有《迦羅波文法》和《旃陀羅文法》的攝義本《羅闍室利文法》，有妙音天母所寫的《妙音文法》以及阿努補多的釋本等。

上述的《妙音文法》、《波尼文法》及《旃陀羅文法》等曾在西藏地區弘傳，據說現在還有抄本。上述兩者，不論是玄奘三藏與西藏佛教對聲明傳承的傳說都是十分神祕而且具有傳奇性。這也顯示了印度古代對於語文的重視，是基於「梵天所制」的緣故。不過，不論是玄奘大師提及的「聲明記論」也好，還是《如意寶樹史》中的多部文法書也好，以及上述提到的文法書，我們可以了解，印度所謂的聲明，其實就是「文法之學」。

## 波膩尼文法書

上述三本文法，其中以《波尼文法》最爲著名。考《波尼文法》的「波尼」，也就是唐代玄奘三藏法師所說的「波膩尼仙」（Pāṇini），然而玄奘大師所說的波膩尼仙的文法是「略作八千頌」，與《如意寶樹史》有所出入。然而波膩尼的文法書，據考證，一般認爲該書大約在公元四世紀作成，迄今仍在流傳，稱之爲《Aṣṭādhyāyī》，中文翻譯就是《八章書》。該書的體裁是屬於「經」（sūtra）體裁，原來只是師徒相傳的口訣，並無書名。目前全書總共還不到四千句，卻幾乎總括了複雜的梵文文法的全部。波膩尼的文法書主要記錄的語言是印度傳統古典《吠陀》使用的古梵文，但是它所記錄的語言文法與當時的婆羅門口語已經有所不同了。就這點來說，婆羅門內部，爲了保持「聖典」（也就是《吠陀》）語文的完整，實行婆羅門階層內口口相傳的各種嚴格的讀誦方式，並發展了所謂的「吠陀支」，包括：尼祿多（Nirukta），即詞源學，及毘伽羅（vyākaraṇa），即語法學等。

波膩尼的文法書也提到了當時許多別的語法學家。這本書由於內容有各派的語法研究，總結了前人分析研究成果，形成一套嚴密的體系，因此被公認爲印度聲明學的權威。其後討論印度梵文文法的書籍，無不以波膩尼的《八章書》爲宗。

## 聲明學的核心就是音聲

從佛教的巴利文經典及公元三世紀阿育王的碑銘可以看得出來，在波膩尼的時代，除了祭司和貴族有統一的雅語之外，也有一般人使用的通行口語。然而，《波膩尼經》並不是爲了整理這些語言而作的。根據《波膩尼經》最著名的註疏之一，波顛闍梨（Patañjali）的《大疏》（Māhabhāsya）說到：

> 我們應該研究文法，乃是爲了保存《吠陀》。只有了解到有關省略母音的知識（elsions）及介紹屬於聲音改變的相關知識，這樣的人才能夠很正確傳承《吠陀》。……當然也是有所修改，譬如說並非所有的字的「性」（genders）與所有字源的類別都能夠在祭典儀式（mantra）能夠被唸出來。在參加典禮時，我們必須適當去修改。若非文法家（grammarian）就無法做出適當的修正。爲了這個原因，我們必須研究文法。

此所謂文法，並不是今天我們所講的書面語的文法，而是口耳傳承的語法。這是因爲《波膩尼經》主要建立在口傳用語的基礎上，而不是書面語。據季羨林先生考證，印度最早的文字約在公元前二千八百年到二千二百年之間，出現在印度河流域的信德（Sind）或旁遮普省的哈拉巴（Harappa）兩地。換句話說，在波膩尼時代，或許已經有文字出現。然而，據婆羅門教的傳統，把《吠陀》用文字寫下來，是對天神極爲不恭敬的做法。因此古代婆羅門大多不願將這些宗教上重要的經文書寫下來（後來才有書寫），而以口傳爲主要傳播教義的方法。而婆羅門教，在相信《吠陀》的神聖性與崇尚祭祀的功效傳統下，重視「聲音」與「聲常住論」的哲學也因應而起，具有代表性的就是彌漫沙派（Mīmāmsā）學派。他們認爲聲音，特別是指《吠陀》的語言與知識，不是人造的，是先天的，是「常駐不滅」，並絕對正確的，重視聲音的思想至此形成了印度文化的重要特色，到今天印度人仍然堅信著這一點。是以，如何保存古音的正確性，就成爲綿延不絕的傳統了。

印度傳統聲明的輪廓，藉由波膩尼的《八章書》，可以看出聲明的重心，應該就是音聲。可惜這本《八章書》一直通行於海外，歐美各國都有學者投入研究，大陸近年來更急起直追，然而台灣就是沒有人翻譯，爲文介紹的也很少。筆者衷心希望，這部《八章書》及相關的註疏，應能早日翻譯成中文，對於研究佛教梵唄的理論發展，必有不小的助益。

## 佛教對聲明的看法

就前面所述，我們可以很清楚地了解到，聲明是佛教以外的其他印度宗教所發展起來的。佛陀在世的時候，一直採取與婆羅門教隔離的政策，也就是儘量與婆羅門教使用的修行觀念與儀式有所不同。例如在語言方面，經書上常常稱讚佛陀能夠講一切眾生的語言，然而就學者們的研究，佛陀在世的時候，說法時常使用的語言，主要是如摩伽陀語（Māgadhī）等地方語言，及一種十分接近婆羅門所使用的語言——Prākrit語，而非眞正婆羅門使用的語言——梵語（Sanskrit）。在音聲方面，佛陀主張「如實知」而「不復染著」而「生樂住」的「析空觀」。如同《雜阿含經》卷十二所說的一段：

> 於色聲香味觸法六境界，
> 一向生喜悅，愛染深樂著；

諸天及世人，唯以此爲樂，
變易滅盡時，彼則生大苦。
唯有諸聖賢，見其滅爲樂，
世間之所樂，觀察悉爲怨；
賢聖見苦者，世間以爲樂，
世間之所苦，於聖則爲樂。

如此觀「色聲香味觸法」六境界皆「見其滅爲樂」的根本佛教教理，音聲也是其中之一，何況是語言等事物呢？然而，佛教並沒有因此而廢置民間的語文不用，相對的，到後來聲明反而也是教育內容之一。唐代玄奘大師在留學印度時就受過聲明的教育：

法師在寺（那爛陀寺）聽《瑜伽》三遍，正理一遍，顯揚對法各一遍，因明聲明集量等論各二遍，……兼學婆羅門書。

由上可知，到了玄奘大師留學印度的時代，聲明在佛教寺廟中已有傳授。推測其傳授的原因，大概是利於諷誦經典，讀經識字的緣故。《長阿含經·種德經》上就提到：

寧可剃除鬚髮，服三法衣，出家修道。……去諸飾好，諷誦毗尼，具足戒律，捨殺不殺，……乃至心法四禪現得歡樂。

由此可知，在佛陀時代即有「諷誦」的風氣。所謂「毗尼」（vinaya）就是戒律。佛陀僧團每月必行誦戒，稱之為「布薩」（見《雜阿含經》卷十七），在每個月十五等集會一處，或於布薩堂處，請知法之比丘說戒本，此時就需要讀誦經典。又根據唐代義淨大師《南海寄歸內法傳》在印度所見：

即如西方，制底畔睇及常途敬禮。每於晡後或曛黃時，大眾出門繞塔三匝，香花具設並蹲踞，令其能作哀雅聲，明徹雄朗讚大師德，……次第還入寺中，至常集處，既令坐定，令一經師昇師子座讀誦少經。

可見，在儀式與僧團清規的需要之下，誦經是不可或缺的。這樣一來，佛教寺廟裡非有聲明的教學不可。然而據學者考證，西北印度部派佛教，說一切有部（Sarvāstivādins）使用的語言就是梵語。而十七世紀以來，陸續在尼泊爾發現的佛經寫本，主要也是梵文寫成的。如此看來，佛教對於「聲明」的教學，已經是不可或缺的。

但是前面已經提到，既然創造聲明的是婆羅門外道，而佛教寺廟又教導聲明學，那麼佛教接納聲明所採取的態度究竟是什麼呢？我們從也是用梵文寫成的經典《瑜伽師地論》來看，其中第十五卷所稱說的聲明內容是：

> 云和聲明處？當之此處略有六相：一法施設建立相，二義施設建立相，三補特伽羅施設建立相，四時施設建立相，五數施設建立相，六處所根栽施設建立相。

這六個「施設建立相」分別是：

1. 法施設建立相：內容是「名身、句身與文身」，及五德相應聲：不鄙陋、輕易、雄朗、相應、義善。

2.義施設建立相：略有十種建立，即：根、大種、業、尋求、非法、六法、興盛、衰損、受用、守護。

⑴根建立者，則「見、聞、嗅、嘗、觸、知」六義。

⑵大種建立者，則「依持等義、澆潤等義、照了等義、動搖等義、思念覺察等義」。

⑶業建立者，則「往來等義、宣說等義、思念覺察等義」。

⑷尋求建立者，則「追訪等義」。

⑸非法建立者，則「殺盜等義」。

⑹法建立者，則「施戒等義」。

⑺興盛建立者，則「證得喜悅等義」。

⑻衰損建立者，則「破壞、怖畏、憂戚等義」。

⑼受用建立者，則「飲食、覆障、抱持、受行等義」。

⑽守護建立者，則「守護、育養、盛滿等義」。

又復略說有六義：一自性義，二因義，三果義，四作用義，五差別相應義，六轉義。

3.補特伽羅施設建立相：謂建立男、女、非男非女聲相差別。又復建立初、中、上士聲相差別。

4.時施設建立相：謂有三時聲相差別：一過去、過去殊勝，二未來、未來殊勝，三現在、現在殊勝。

5.數施設建立相：謂有三數聲相差別：一者一數、二者二數、三者多數。

6.處所根栽施設建立相：處所略有五種：一相續、二名號、三總略、四彼益、五宣說。若界、頌等名爲根栽，如是二種總名爲處所根栽建立。

由上述內容，我們很容易就可以了解到，佛教的聲明教學內容，一面教授傳統印度語文，一面則含著佛教教義的教授。上述聲明學的內容裡，在在顯示了佛法的內涵，如在「義施設建立相」裡面，就教授「業建立者」這種「往來等義、宣說等義、思念覺察等義」的內容，這顯然是一種特有哲學性的語文教學，使學者一面能夠通習語法分析，另一面則吸收佛教教義，眞是一舉兩得的教學方法。這顯示了佛教聲明教學，有別於傳統印度婆羅門的聲明學內容，而另有一套「圓融眞俗二諦」不同的宗教語文教學法。觀此思想來源，《瑜伽師地論》中對於菩薩度化眾生的妙法揭示如次：

若諸菩薩求於聲明時，爲令信樂典語，眾生於菩薩身深生敬信。爲欲悟入詁訓、言音、文句差別於一義中，種種品類殊音隨說。

要言之，菩薩想要學一切五明則有這樣的原則：

菩薩求此一切五明，爲令無上正等菩提大智資糧，速得圓滿。非不於一切明處次第修學，能得無障一切智智。

因此，佛教對於五明的政策，就是爲了求得「爲令無上正等菩提大智資糧」，而能夠「速得圓滿」的佛果。如此一切世間法，只要能夠度化眾生，菩薩都可以學，以便應用。聲明，對於佛門誦經也好，度化眾生也好，都有著無比實質的作用。是以佛門學習聲明，自有一套圓融無礙的妙法。

## 從聲明到唄讚

印度傳統聲明的特色，在於聲，而非文字，據大陸學者金克木分析《波膩尼經》

的梵語語法，認爲有兩個特色：

1. 這部經沒有依語義分別詞品及句法，卻只依語形由音變以分析詞的構成與變化及連接。只說明語尾變化與詞的構成，再加上梵語的連音規則。其組織嚴密的文法系統，主要就是著重於有音的語言現象的觀察分析。

2. 這部經著重於當時標準高級通用語（bhāsā）的確定，並不重在古吠陀語（Chandas）的解說，又受以歌訣口頭相傳習慣的約束，於是把現象分析結果重新構成一個非常特殊的邏輯系統，將它縮編成一個口訣。

然而，値得我們注意的是，梵語名詞 bhāsā，其實就是佛教所說的「梵唄」。

金克木教授發現該書所強調的，主要是著重於「有音的語言現象」的觀察分析。我們就此能夠了解，梵語，在文字不發達，加上古印度以來的宗教傳統之下，口傳是一個非常重要的教學及傳播方法。於是，如何聽出來，到如何聽懂，這一脈理路，就是歷來印度聲明學家也好、文法學家也好，大家都在致力研究的目標。德國印度文學的學者，溫特密茲（Maurice Wintermitz）在《印度文學史》（*History of Indian Literature*）就吠陀念誦方法指出：吠陀誦經是有法則可循，那就是所謂的Siksa，它們強調正確的發音，和正確的音調，並已有定義好的唱念方式。在這樣的傳統底下，想要聽出來，分辨出來，到能夠聽懂的程序，就必須了解印度自古以來所傳承的一套念誦方法，這套念誦方法固然是爲了保存《吠陀》，但似乎又是印度普遍語言的現象，構成了印度文化的特色。

以梵語而言，《波膩尼經》第一章第二節第四十九條開始，就有幾條是關於念誦的記載，經饒宗頤教授的翻譯與整理，可知梵語經典念誦分爲三種調子，那就是udātta（尖音）、anudatta（低音）和svarita（中音，實爲前兩音之結合，法國梵文專家Louis Renou稱之爲使抑揚modulēe）。既然有尖音、低音，又有所謂的抑揚之音，可知梵語的念誦是具備了三調的唱念形態，而梵語的語法，也就是建立在這樣嚴密的唱念基礎上開展出來的。

事實上這種誦經的梵語就是一種具有音樂性的語言。根據N. A.賈伊拉茲波易先生的說法，吠陀語言念誦是很重視「重音體系」，每一個詞均有一個特別的音節需要重讀。這個音節位置和意義有關，特別是在於複合詞部分。舉個例子來說：indra-satru，如果這個詞的重讀是在第一個音節，那就成了「某某的敵人叫做indra」，假如是在第二個音節重讀，那就變成了「indra的敵人」。後來吠陀語言向梵語發展，原來的語調重音被強調重音所替換，這個強調重音則根據音節的長度而自動地被放在每個詞的詞尾或是詞尾附近。如此一來，就涉及了前面所講到的三音：

1. anudātta（阿魯達他，低音）：主要重讀音的預備。

2. udātta（烏達他，尖音）：重讀音節。

3. svarita（斯瓦里他，中音）：返回輕讀。

這三音也就是「三調」。在《黎俱吠陀》的抄本和晚出的其他經文中，通常人們用一些標記來標示三調，如文字下方用橫線標示的是「阿魯達他」，也就是低音，「烏達他」不做標示，而「斯瓦里他」則用上方豎線表示。如同這樣的情況：

|　　|　　　　|
Sahasrasirsa purusah sahasraksah sahasrapat
AU S A U S　　A U A U S

這樣一來，吠陀語言時期以後所產生的古代語言或文法學派，都十分注意重音的問題，每個詞的重音明顯的保留下來，形成一種富有音樂特色的念誦風格。有關吠陀念誦和 N. A.賈伊拉茲波易先生的說法，請見《印度文化史》一書（A. L.

Basham主編，北京商務印書館一九九九年出版）。

聲明學的這種特性，佛教也有，那就是我國所謂的梵唄。如前面的分析了解，梵語經典的念誦，在語調之間充分展現了它的音樂性質。誠如西域來到中國的譯經大師鳩摩羅什所說：

什每爲叡論西方辭體，商略同異云：天竺國俗甚重文製。其宮商體韻以入弦爲善。凡覲國王必有贊德。見佛之儀，以歌歎爲貴。經中偈頌皆其式也。（《高僧傳》）

如此看來，因爲甚重文製，致使宮商體韻的作品得能入弦，而所謂的體韻，並不是句末押韻的韻，而是字裡行間，很清晰表現音聲的韻，也就是具備了三聲的韻，這樣才算是好的文學作品。

經分析印度語文特色之後，不難看出，自古以來印度文學就講究音律，佛教文學亦復如此。從西方引進的印度梵語佛典，這種能夠念誦（時人稱之爲「轉讀」），帶有音樂性質的奇妙文體，在中國很快就受到文人喜愛，直接影響了中國文學的發展。不論是北魏曹植，或是南朝永明年間的文人都受到影響。這是印度聲明學，以其念誦的聲調形態，影響中國文學的例子。

## 六、印度佛教梵唄形式的推想

印度佛教本來就有念誦經典，前面提過佛陀對此有所鼓勵。「說一切有部」有關的《十誦律》卷三十七，有這樣的記載：

有比丘名跋提，於唄中第一。是比丘聲好，白佛言：「世尊，願聽我作聲唄。」佛言：「聽汝作唄，唄有五利益：身體不疲，不忘所憶，心不疲勞，聲音不壞，語言易解。復有五利：身不疲極，不忘所憶，心不懈怠，聲音不壞，諸天聞唄心則歡喜。」

## 吟詠誦經

然而念經的方式，卻成了歌詠的音聲，本來佛陀四眾弟子當中，諸居士反應很激烈，後來佛陀對這點也允許了。法國人烈維（Sylvain Lévi）在《佛經原始誦讀法》（*Sur la rēcitation primitive des textes bouddhiques*）一文中，引巴利文的《小品》提到這件事情：

巴利《小品》（Cūllavagga）允許吟詠（sarabhañña）其說如下：「爾時六眾比丘以歌詠長聲誦法，諸人憤恚曰：『諸沙門釋子以歌詠長聲（āyatakena gītassarena）誦法，一如吾輩歌詠！』是中有比丘少欲知足行頭陀，聞之憤恚，是事白佛。佛說法已：『諸比丘，已歌詠長聲誦法有五過失：一自顧其聲；二令他人顧其聲；三令居士不快；四惟嗜音聲（sarakutti）致亂觀想；五他人後亦隨學。嗣後不得以歌詠長聲誦法，違者得越法罪！』爾時諸比丘悔以吟詠聲（sarabhañña）誦法，是事白佛。佛言許比丘以吟詠聲誦法。」

如上可知，在部派的律制裡，既然允許佛教以長牽音韻的吟詠聲來誦經。故烈維推測印度佛教，如說一切有部誦經曾經受到《吠陀》長牽音韻的讀誦方法，他說：

> 佛做是念：苾芻誦經，長牽音韻，作詠歌聲。有如是過，由是苾芻不應歌詠引聲而誦經法。若苾芻作闡陀（chandas）聲誦經典者，得越法罪；若方國言音須引聲者，作時無犯。義淨原註曰：「言闡陀者，謂是婆羅門讀誦之法，長引其聲，以手指點空而爲節段，博士先唱，諸人隨後。」《摩訶僧祇律》似無相等之記述；顧此律次序凌亂，容或有相類之記載，而余未獲見之。姑無論此律記述若何，吾人得確定古時諸部皆有闡陀攙入佛經之禁；第「闡陀」之字雖存，……至「有部」與「根本有部」之解釋又別，據云爲：「吠陀聲法，長牽音韻作詠歌聲。」則闡陀爲巴利《小品》所稱長聲歌詠（āyataka gītassara）之別名也。……至「有部」、「根本有部」以梵語爲經語，故對於闡陀之禁，惟限長牽音韻作詠歌聲。顧《吠陀》音聲，即爲長高之聲，與詩頌之分長短韻者有別。俗語固無須引用此種《吠陀》音聲也。

## 使用梵文唱誦的因緣

語言與聲調對於印度宗教口傳傳統而言非常重要，特別是在那個沒有書寫工具的時代裡。因此佛教在印度使用巴利文寫下「巴利聖典」，到今天南傳佛教還保持使用巴利文的傳統。而西北印度的「說一切有部」則於迦膩色迦王時代後，大量使用梵文寫下梵文佛典。於是巴利文與梵文就成爲佛教文學最主要的兩種語文。其後北部印度佛教進入梵文化，部分大乘佛教的佛典也都使用梵文寫成。至此，梵文取得佛典語文的主流地位，許多佛經，包含大乘經典，後來都用梵文寫成，梵文便成爲僧團修習科目之一，義淨、玄奘在印度都曾經學習過梵文，也都在他們的旅遊傳記當中提到這件事情。在中國後漢時代所傳入的佛教典籍就是梵文，支婁迦讖譯的三部重要大乘經典也是梵文，吳國支謙亦有翻譯梵文經本。是故，本節所討論的印度佛教梵唄的推測，是以梵文系統的梵唄爲主。那麼梵文寫成的文學體裁是怎麼樣的呢？姚秦三藏大師鳩摩羅什說：

什每爲叡論西方辭體商略同異云：「天竺國俗甚重文製，其宮商體韻，以入絃

爲善，凡覲國王必有贊德，見佛之儀，以歌歎爲貴。經中偈頌，皆其式也。」（《高僧傳》）

上面這段文字有兩個重點：一是印度文學甚爲重視宮商體韻，二是印度文學如能入絃是爲「良善」。足見印度文學的音樂性非常重要。那麼具體來說是怎麼樣的文體呢？

前面提到印度梵語有三個聲調：尖音、低音和中音，入絃的規則就在於這三聲是可以配樂的。美國研究印度音樂的學者，路易斯・羅威爾（Lowis Rowell）在《早期印度的音樂與思想》一書中講到印度梵文的「以聲配樂」觀念：

這是一件複雜的事情：適當去認明這三個聲調得要依靠這些像母音的長度（vowel length）、連音規則（sandhi）、單字分界（hiatus）、開合音節（closed or open syllables）、鼻音的運用（nasality）、送氣音（aspiration）、吟誦風格（style of recitation）、聲調順序與秩序（the nature of the preceding and following accents）等等。

梵文吟唱方法就是上述這些因素組成的，就筆者的理解，述之如次：

1.掌握母音長短：母音長短決定辭義不同，如 bhānū 的雙數就是 bhānu，後面的 u 要拉長。

2.連音規則運用正確：梵文經常被表示成一連串不可分割的音節，這一連串音節字當中要分開單字，首先要從連音規則看起。例如：tava indrah 兩個字的結合就是 tavendrah。

3.單字分界清晰：由於梵文是一長串音節所組成，這一串音節，有時可能是好幾個單字組成。要先能夠將這些音節分界，之後拆開來看有無連音上的規則，如此才能正確判讀意義。不過在念誦過程裡，要把音節很清楚的念誦出來，也就是講究文字的抑、揚、頓、挫清晰的表現。

4.掌握音節的開合：此即強弱的表達，有些母音（a或o）屬於開口，有些子音必須無聲閉氣，如k、t、s，各個音節都要發音清晰。

5.鼻音要靈活：鼻音是整個吟誦過程的靈魂，如感嘆語氣之類的情感表達，鼻音就扮演了重要角色，通常都附在母音之後。

6.送氣音要發音清晰：同第四條，字辭要發音清楚。

7. 吟誦風格與聲調順序要清楚：吟誦風格，其實就是上升、下降音的處理方法，還有音節長短。就這一點來看，印度詩偈是有格律的。

## 聲調與樂調相結合

上述七項都是不容易的，要花很多工夫去學習，這就是聲明學所謂的：梵語的音樂特性，是從聲調上出發，通過發音的正確要求，到風格決定的一段過程。透過對《黎俱吠陀》的觀察，羅威爾指出，印度古典作品Nāradñyaśiksā歸納了聲調與樂調相結合的觀念：

1. **udātta**：是上升的音聲，在印度音階通常配Ga和Ni，也就是西方音階的3和7。
2. **anudātta**：是混合的聲音，在印度音階通常配Sa、Ma和Pa，也就是西方音階的1、4和5。
3. **svarita**：是下降的音聲，在印度音階通常配Ri和Dha，也就是西方音階的2和6。

羅威爾以爲，梵文念誦風格猶如「像魯特琴一樣的喉嚨發音」（lute-throated）（按：魯特琴是十四世紀到十七世紀所使用類似琵琶的樂器。）這三個聲調之間是一種嚴密、間距小的音程，照著聲調的細密念誦，就會導出類似音樂的音階聲音。因此，爲了明顯表現出三個聲調，就會運用七個音階（印度傳統音樂的表現：Sa、Ri、Ga、Ma、Pa、Dha、Ni，相當西樂音階：Do、Re、Mi、Fa、Sol、La、Si）。而一般印度雅利安人的音階是用四度旋律型（Tetrachord）來作基礎，而且在四度旋律中是擁有中間音的四度音程。國內印度音樂學家謝俊逢認爲，印度四度音階有下面幾種形式：

1. 從Sa—Ri—Ga—Ma，相當於從C—D—E—F。
2. 從Sa—ra—Ga—Ma，相當於從C—降D—E—F。
3. 從Sa—ra—ga—Ma，相當於從C—降D—降E—F。

謝俊逢以爲，這種中間四度音階的表現，就是以四度爲其跳躍的最大限度。印度民族音樂習慣在音階上選擇鄰近的音，可能都是屬於全音、半音，也可能是大三度或是小三度的音，然而所選擇的鄰近的音當中，可能是較半音更狹窄的音層，使樂曲音階與音階之間形成微密的音階組織。前面提到，印度音樂有七個音階，但是念誦經文卻只使用了三個或四個，這顯然是爲了扣緊語言表現的關係，特別是作爲宗教用途的印度梵文，基於口傳的需要，其念誦爲了不失去語意的表達，樂調的音階必須緊密結合語調，方使語文能夠表達清晰。

例如《黎俱吠陀》有集中於2—3—4（Ra—Mi—Fa）循環變化現象的唱法，就是一種小三度音程的表現；巴利文念誦有採用2—3—5（Ra—Mi—Sol）完全四度的循環變化表現。這是一種符合聲調的唱念方式，使得語言藉由樂調呈現出抑揚頓挫的效果。因此，中國佛教稱之爲「轉讀」，意指是一種使用循環變化的音樂性讀誦方法。由此我們不難理解在《高僧傳．經師第九》慧皎的評論：

轉讀之爲懿，貴在聲文兩得，若唯聲而不文，則道心無以得生，若唯文而不聲，則俗情無以得入。故經言，以微妙音歌歎佛德，斯之謂也。

## 巧妙傳遞法義

是以，轉讀的重點，與其說是聲音，不如強調法義。佛教僧團有非樂的戒律，如何使用眾生喜愛的音聲來巧妙傳遞法義，實屬不易。這種2—3—4或是2—

3—5的小三度或完全四度的表現模式，其緊密排列，也不突出音高，也不凸顯感情的做法，這種樸實音聲的表現，使眾生能夠在不執著於音聲之上，聽聞教法，同時還能深刻思考教義，眞正是標準的佛教宗教音樂，充分展現了佛教不染著於音樂，而用樂音來傳達佛法的微妙音聲。

由於佛經文學體裁有詩偈和長行兩種，前面介紹的轉讀理論是應用在長行，亦即散文部分。至於詩偈，在印度梵文傳統，甚至於巴利文，都有這樣的特性——嚴格的音律。根據A. A. Macdonell指出，古典的梵文詩歌（Metre）與《吠陀》的梵文詩歌有部分差異，是一種更人工化（artificial），強調規律與展現多樣化韻律的風格。它的韻律可分爲兩種：

1.以音節（syllable）數量來計算。

2.以所包含的音量（morae）數目來計算。

幾乎所有的古典梵文詩歌都包含四行（或稱之爲韻腳foot），又稱爲四句偈，也就是佛教經典中常說的「頌」。這些頌偈一般可分成前半偈與後半偈。因此，在《毘尼母經》中，佛陀禁止弟子諷誦只誦半唄，否則「得突吉羅罪」。所謂半唄就是只有誦出四句的一部分。

古典梵文詩歌講究音節的長短，在此以下列符號說明音節表現方法：

- 表示長音節

U 表示短音節

U- 表示長短音節皆可

、 表示停頓

長音節有兩種情況，第一種是長母音，如sena（表現成--）；第二種長音節可分成兩類：第一類是短母音後面緊接兩個子音，如gatvā（表現成--，第一個音節以二個子音結束）；第二類是短母音後面緊接著隨韻或止聲，如amśa（U-）、duhkha（U-），短母音算一個音量（morae），長母音算兩個音量。

## 輸盧迦

於此，筆者介紹輸盧迦（Śloka）格律。（按：梵文詩歌並不只輸盧迦這一種格律而已）。輸盧迦就是歌曲的意思，它的字根是śru，有「聽聞」的意思，是從吠陀詩歌韻律「Anustubh」發展出來的，屬於史詩偈誦的體裁，也是印度偈頌的上乘，佛教有些的詩偈是用這種韻律寫出來的。一如前面所說，分成前、後兩個半偈，每個半偈有兩個韻腳（Pada），也就是兩音節的組群。每一個韻腳，也就是每一個音節的群組，有八個音節，一偈共有三十二個音節，八個音節群組，半偈有四個音節群組，也就是音步（foot），每一個音步有四個音節。大約在第二或第四音步才有韻律限定。第四音步必須是抑揚格（Iambic，短—長—短—長短），第二個音步有四種不同形式，第一或第三音步形式不拘，但不可以是「長短—短—短—長短」的形式。第二音步則最常出現「短—長—長—長短」，典型的輸盧迦形式（半偈）是下面這樣的：

⏓⏓⏓⏓|⏑––⏓‖⏓⏓⏓⏓|⏑–⏑⏓‖

上列是輸盧迦一個半頌形式（十六個音節），若是完整的輸盧迦形式，有三十二個音節，其韻律如圖所示。上面的例子說明了，梵文詩歌有所謂抑揚格，這可以印證美國學者羅威爾對於梵文經典念誦方法的詮解。

（註：輸盧迦實例取材自釋惠敏、釋齋因編譯之《梵語初階》，收入「中華佛學研究所論叢」第十一號，法鼓文化事業股份有限公司，一九九六年九月初版。頁二四二。）

duḥkhāntam kartukāmena ｜ sukhāntam gantum icchatā ||

－　－　－　|∪－－　∪|∪　－　－　－|∪－　∪－||

欲令苦滅盡，欲得極樂者（欲令諸苦滅盡，欲得極樂的人）

śraddhāmulam dṛdhikṛtya ｜ bodhau kāryā matir dṛdhā ||

－　－　－　|∪－　－　∪|－　－　－　－|∪－　∪－ ||

信根堅固已，安心於菩提（令信根堅固後，應將心堅固地安置於菩提中）

「輸盧迦」實例

## 音樂風格的文體

利用母音短長變化及聲調升降的特性做出抑揚念誦，使得詩歌朗誦更加動人，事實上不僅僅是古典梵文如此，南傳佛教的巴利文念誦也是這樣的。加拿大多倫多大學講授巴利文的華德教授（A. K. Warder），在著作《巴利文導論》（*Introduction to Pali*）中說明，巴利文詩歌是一種音樂風格的文學體裁，這種音樂風格的文體大約在西元第四世紀到第五世紀蔚爲風尚，在當時是新的詩歌體裁（new metres），主要由長短母音組成，用這種固定而精確的韻律架構整個詩歌體制。華德教授強調：事實上這個詩歌的韻律觀念就是取自音樂（The new metres had in fact taken their rhythms from music.）。

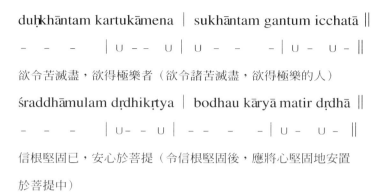

由於華德教授所介紹的巴利文詩歌風格，大部分都是四句一頌，類似前面所介紹的輸盧迦等古典梵文詩歌體裁。因此我們有理由相信，這種梵文詩偈就是屬於印度佛教文學體裁的一種，而其念誦方法應該與曾經存在過的印度佛教梵唄有關。因此，我們不難了解爲什麼鳩摩羅什說：「其宮商體韻，以入絃爲善。」因爲聲調經過朗誦的操作，產生了奇妙的音樂性變化，而佛教的唱誦要旨就是達到慧皎大師所說「故聽聲可以娛耳，聆語可以開襟」的境界，不僅能夠以優良的樂風吸引眾生，更可進一步開啓眾生的佛性。這是非常奧妙的音樂風格，可謂是聲曲和語文協調並重的音樂傑作。

令人感嘆的是，今天佛教在它的發源地——印度已經消失了！但是它的子子孫孫，卻在亞洲，乃至世界各地繁衍，成爲世界三大宗教之一。古代印度的佛教梵唄，今天是不可能聽到了，而我們在此推擬印度佛教梵唄的原因，正是爲了整個佛教梵唄文化源流的追尋。筆者以爲，印度佛教梵唄雖然不復得聞，但是可以藉由其他相關或當期的歷史文物去重構，諸如：考古發掘、印度文學體裁、印度音樂風格，及現存的南傳上座部的梵唄風格等等，相信一定可以獲得不錯的成績。關於這一部分的研究，筆者發現值得深入探討的地方還有很多，諸如印度語文歷史、佛典語文上的歷史與印度音樂史等等，限於學力不足，謹在此做拋磚引玉的呼籲，希望教界能夠重視這一方面的研究。如能暢演如法的音聲，又能回應時代的需要，必能利益更多眾生，則佛教興盛當能歷久不衰。

第三篇

# 中國佛教梵唄概說

# 第三篇　中國佛教梵唄概說

佛教初傳中國的說法有很多種，此處取東漢明帝時期一說。根據史傳上記載，漢明帝劉莊晚上夢見金人，於永平十年（西元六七年）派遣使者前往西域迎請中天竺僧人攝摩騰與竺法蘭，並攜帶經卷。東漢明帝為他們建立了中國第一座佛教寺院——白馬寺。從此佛教在中國便開始了傳法的活動。

## 一、流變與分期

前面提到，中國佛教的梵唄與古代印度佛教的梵唄和音樂是一脈相傳的，因此，中國佛教梵唄同佛教義理學說一樣，是佛教史脈的一個支流。從本質上來講，中國的梵唄文化並不是中國本有的，它承接了印度佛教梵唄與音樂文化。從印度傳入中國，大致上來說，是經過了兩條管道：一是佛教傳教士的管道，另一是國家與民間的外交管道。當它在中國扎下了根，一方面作為宗教的文化藝術，保留並流傳在寺院裡，另一方面則作爲中華民族的新興文化藝術，被保留在宮廷內及民間宗教活動裡。佛教自東漢初傳中國以來，大概經過了六、七個世紀，中國人才逐漸認識、了解並接受，而逐漸的轉變成爲屬於中國的寺院音樂文化，並成爲中華民族音樂文化的一部分。

但是，今天的梵唄並非佛教初傳中國的形式一成不變，換言之，梵唄在中國曾經有流變的現象。其實，這和佛教思想在中國的情形一樣，既有保留印度佛教的文化，又有經過華籍法師的整理，融入中國民情風俗的成份。相同的情形，中國佛教的梵唄，固然一方面也保留印度梵音的部分，另一方面則爲華梵融合，成爲中國特有的佛教梵唄。但是，梵唄具有宗教的神聖性質，其唱誦良否影響到儀式的效果，因此就宗教意義來說，梵唄原來就是傳承嚴格且不易修改的。

然而本來不易修改的梵唄，到底還是改變了它的面貌。很明顯的，今天使用的梵唄形式絕非佛教初傳中國的梵唄，其流變的現象是如何察覺的呢？最顯而易見的方法是得自於文學體裁的觀察。因爲梵唄的體裁，最初並不是這種唐宋代以後才流行的詞曲牌體制，也就是宋詞元曲的文體。印度佛教梵唄原來的形式，前面提到在《高僧傳》當中，姚秦三藏大師鳩摩羅什曾有所論及，我們從他評論華梵文體不同的論點，可以找到一些蛛絲馬跡：

天竺國俗甚重文製，其宮商體韻以入絃爲善。凡覲國王，必有贊德。見佛之儀，以歌歎爲貴。經中頌偈，皆其式也。

從鳩摩羅什大師的說明，我們可以了解到印度自來即流行合於音樂規範的文學體裁。況且從印度的音樂史看來，傳統印度音樂的表現形式是以即興創作的歌讚唱誦爲主流。這些歌讚是以搭配「拉格」（Rāga，旋律），伴以「搭拉」（Tala，節奏）而組合成即興的演出，是自古以來的表演主流。歌詞與音樂並無絕對關係，主要是以適當旋律及節奏來表現詩歌的韻味。而佛經上的文體是以詩偈和長行所組成，後者是屬於散文體裁，變化不大。前者則有變化，漢文佛經的偈誦絕大多數是整齊的五言詩體，亦有少數爲四言與七言文體，此外還有長短不一的樂府詩等文體，是以，文體足可以用來佐證梵唄的時代，及觀察梵唄流變的重要根據。

據此觀察，筆者以爲我國梵唄發展實則歷經了三變——四期。這也正是中國佛教梵唄流傳上的歷史分期依據。

第一期是從東漢到魏晉時期。這時候的梵唄是以西域胡語及梵語的歌讚爲主。

第二期是從魏晉六朝以來，到隋唐以前。這是漢傳佛教梵唄的「一變」，即變胡爲漢，並出現了印度佛教所沒有的拜懺儀軌，如《法華三昧懺儀》。這期梵唄發展是以北方「魚山梵唄」作爲漢化梵唄創制的起點，後經南齊竟陵王蕭子良發起「集京師善聲沙門」，總結六朝以來的梵唄研討，發展出屬於中國人的佛教梵唄。至六朝晚期，天台宗智者大師首創以拜懺方式爲進入三昧的基礎，而創制「四種三昧」的行法，成爲日後念誦觀念受到重視的濫觴，奠定梵唄在中國佛教的發展基礎。隋唐時期的佛教，幾乎大多繼承了六朝以來發展的梵唄。

第三期是隋唐至五代以前的佛教梵唄。這是我國梵唄發展史上的「二變」，即梵唄聲曲廣泛採用齊言式的詩歌文體，最常見的就是五言（《如來唄》）、七言，及少量的樂府詩（如三言體《處世唄》），這些唄詞內容多半取自經典。本期的特色是繼承了六朝末期天台宗發展出來的懺儀及誦經儀式。隋唐時期中國佛教發展到最高峰，天台、華嚴、淨土等八宗分別成立，各宗自有其思想主張和修行法門。在修行觀念及儀軌上，大多受到天台宗的影響，最顯著的是華嚴宗、淨土宗等。禪宗最初雖主張「不立文字」，但其後百丈禪師的《百丈清規》，亦將梵唄納入日用範疇。此外，眞言宗雖在唐代中期大盛，大落於會昌以後，然其以念誦與修觀爲中心法門，亦爲此一時期佛教梵唄文化添增了異彩。總的來看，隋唐時期蔚爲我國佛教文化發展的高峰，其梵唄文化亦顯得多采多姿。

第四期是從五代以後到明清時期。這一時期梵唄最重要的變化，就是詞曲牌化，同時也有祖師創作的作品出現（最有名的莫過於《爐香讚》）。在此期間，明太祖及明成祖曾就當時中國佛教頒佈有關叢林清規敕令，及相關唱念佛教歌曲的規定。此外，蓮池大師整理諸經課誦的儀式，而常州天寧寺唱誦成爲當時全國佛教梵唄的標準。這些都與今日中國佛教梵唄不無關係。

然則目前中外學者們對於研究梵唄的觀念，大多視爲佛教音樂研究。筆者以爲梵唄並不是單純的佛教音樂，而是一種修行法門。是以，本書對於佛教梵唄史的考察，乃是建立在佛教徒的本位上，質而言之，是以修行法門及當時的學佛風氣做爲主要切入點。所謂學佛風氣，意思是指當時學習佛法的特徵，諸如：

1. 當時佛教在流行什麼修行法門？
2. 當時佛教的主流文化爲何？
3. 教界在當時風氣的影響下，對於梵唄會有什麼看法？

4.在時空背景下，梵唄發生什麼樣的變化？

這些是筆者研究梵唄史想要觀察的焦點。主要史料來自南朝梁慧皎大師所作《高僧傳》，及隋唐道宣大師所作《續高僧傳》，還有佛典目錄如齊梁僧祐大師撰寫《出三藏記集》等。

## 二、漢魏三國時期初傳佛教的梵唄文化

此一時期的梵唄，由於佛教方興未艾，弘法的僧侶以西域與印度人士為主，故大多以使用胡文、梵文的梵唄為主。如東漢桓帝時代來到中國的安息國沙門安世高就曾經用梵語梵唄。此外，在佛教初傳迄魚山梵唄以前的時期，梵唄的主流除了西域語言或是梵語之外，在中國的法師們也曾嘗試用民間歌曲來歌詠法言，如《高僧傳・經師第九》提到：「其浙左、江西、荊、陝、庸、蜀亦頗有轉讀。然止是當時詠歌，乃無高譽，故不足而傳也。」因為他們用地方小調來唱誦佛教法言，這種方式在當時並不出色，也不被人們所重視。

而從東漢佛教傳入中國算起，到魏晉時代已經有了二百多年歲月，這兩百多年

來，是中國佛教的萌芽時期。在此一時期佛教漸次傳來中國，傳播佛教的主角則是來自西域與印度的法師們，他們一面翻譯佛經，一面向中國人介紹佛教的修行法門，而他們所介紹的修行法門必然與其翻譯經典有關。是故，從他們所翻譯的經典就可知道這些大師的學歷與他們所介紹的法門。

## 經典翻譯與梵唄的開始流行

慧皎大師《高僧傳》揭示了一個訊息，中國佛教從漢魏以來即以譯經爲主，而其他的記錄則要到晉代才開始有。這說明了中國初傳佛教的學佛風氣在於翻譯經典。最初來華傳播佛教的法師們幾乎以翻譯經典爲事業，而佛教就因他們的傳譯工作與佛法的介紹開始在中土流行開來。這些大師們的活動主要記錄在慧皎的《高僧傳》卷一（《大正藏》第五十冊），後世對於他們的追述無不參考並引用當中的記錄。茲以《高僧傳》爲主，會合《出三藏記集》，將此時期相關記錄作一整理：

1.攝摩騰，中天竺人，大小乘兼通，後漢明帝時，由郎中蔡愔、博士弟子秦景等迎來到中國，翻譯《四十二章經》，屬於聲聞乘經典。

2.竺法蘭，中天竺人，與攝摩騰同行來到中國，翻譯《十地斷結經》、《本生

《四十二章經》、《法海藏經》、《佛本行經》、《四十二章經》等五部。除《四十二章經》外，其餘不傳。

3.安世高，安息國人，精通「阿毘曇學」（聲聞乘論學），諷持禪經。漢桓帝時來到中國，主要翻譯禪坐有關經典，除已經失傳的《十四意經》屬於大乘經典外，其餘皆是如《安般守意經》、《陰持入經》等聲聞乘相關的禪經系列。

4.支婁迦讖，月支人，漢靈帝時來到中國傳譯梵文，譯出《般若道行經》、《首楞嚴經》、《般舟三昧經》三部爲首的十三部中國最早的大乘經典（《出三藏記集》記錄共十四部，還有一部《阿闍世王經》是出自《長阿含經》），對後世中國的大乘佛教有很大的影響。與他同時還有一些沙門，如天竺人竺佛朔，協助支婁迦讖翻譯《般舟三昧經》。又有安息國在家信眾安玄於漢靈帝末年來到洛陽，他與沙門嚴佛調共同翻譯《法鏡經》，這本經典是由安玄「口譯梵文」，由嚴佛調筆錄。慧皎大師稱讚他們：「理得音正，盡經微旨，郢匠之美，見述後代。」

5.曇柯迦羅，中天竺人，善學四圍陀論（即四種《吠陀》），兼通大小乘，魏嘉平年中來華，以弘揚大乘律學爲主，譯出《僧祇戒心》，對中國僧制創立有很大貢獻，中國佛教有律制始自於此。

6.康僧會，康居人，世居天竺，大乘學人，漢獻帝末避難來到東吳，因爲見到支謙譯出《維摩詰經》、《大般泥洹經》、《法句經》、《瑞應本起經》等四十九部經典，並依無量壽中本起，創製《菩提連句梵唄》三契，欲使佛法振興江南，於吳赤烏十年來到吳國，翻譯了《六度集經》等經典，並傳授支謙所翻譯的《大般泥洹經》相關的「泥洹梵唄」，感悟東吳君王，而成爲江南第一所寺院——建初寺的創辦人。

7.維祇難，天竺人，吳黃武三年來到中國，攜帶《曇缽經》，即《法句經》梵本，後翻譯成中文。

以上所列來華高僧，都是當時著名的譯經大師。從對這些大師傳記的研究，我們可以了解到在中國初傳佛教時期，已經流行的學佛風氣與梵唄的關係，可做下列幾點說明：

1.在此一時期來華的中國僧人，除了維祇難以外，幾乎都是大小乘兼通的僧人。這些譯經的大師大多受過諷誦經典的教育，如竺法蘭就能夠「誦經論數萬章」，而安世高「尤精阿毘曇學，諷持禪經」，支婁迦讖「諷誦群經，志存宣法」，曇柯迦羅則「誦大小乘經及諸部毘尼」。在在顯示這些僧人自來就是嫻熟誦經與梵唄的專家。前面我們已了解到印度佛教有誦經的風氣。因此可以這樣說：當一個行腳僧遠從印度來到中國時，梵唄就跟著他一起來到中國。是以，梵唄應該是和翻譯經典一起在中國興起的。這些誦經方法，雖然沒有明顯記錄，但是可以看得到梵唄傳來中國的痕跡。

2. 從前面記錄我們可以看出後漢時代，大小乘經典就已經來到中國，這說明大小乘教理開始流行在中國。但是這些經典要以安世高所介紹的修行法門——一系列的禪經，特別是《安般守意經》，是屬於初入門的止觀法門介紹（安般法，即數息法），對當時及後代的中國佛教行門有很大的影響。同一時期支婁迦讖的《般若道行經》、《般舟三昧經》與《首楞嚴三昧經》，則與禪觀法門有關。其中《般舟三昧經》主張「念佛三昧」，也就是宣念佛號、坐禪以進入三昧的行法，造成晉朝與南北朝念佛法門的流行，這對於中國佛教淨土宗的興起有很大鼓勵作用。此外，康僧會注《安般守意經》，可見，禪坐法門應爲當時佛門流行的風尚。由此推想，後漢時代，梵唄並沒有取得修行法門的主流地位。

3. 在此一時期當中，已經有西域僧人在中國誦經而感應的記錄。安世高在廣州曾經遇到蟒蛇求法，遂「向之梵語數番，唄數契，蟒悲淚如雨」，並於豫章受到安世高的「咒願」。中國人見到這樣的誦經神奇感應，對於佛教的信心與念經法門的流傳相信有一定的影響。

4.此外，也有西域僧人在中國舉行儀式的記錄。曇柯迦羅初到中國時，當時中國：

> 雖有佛法而道風訛替，亦有眾僧未秉歸戒，正以剪落殊俗耳。設復齋懺事法祠祀，迦羅既至，大行佛法。……乃譯《僧祇戒心》，止備朝夕，更請梵僧立羯磨法受戒，中夏戒律始自于此。

曇柯迦羅來到中國重整洛陽佛法，不僅復興了齋懺事法及祭祀，還設立了僧人羯磨法，凡此種種都有梵唄的儀式，曇柯迦羅本身能誦大小經典，是故筆者推測當時應有梵唄的流行。

5.此一時期亦有梵唄的教學與創作。首先是支謙在吳國黃武元年到建興中年，一面翻出經典《維摩經》、《瑞應本起經》、《大般泥洹經》、《法句經》等經，一面則依「無量壽中本起，製《菩提連句梵唄》三契」（《大正藏》第五十冊，《菩提連句梵唄》有「三契」，疑爲「三啓經」格式）。而康僧會在東吳感悟君王，建立了建初寺，成爲江南有寺廟的開始。建寺之後，康僧會一面翻譯經典，另一方面則傳授「泥洹梵唄聲，清靡哀亮一代模式」。這「泥洹梵唄」應該是與前面提到的支謙所翻譯出《大般泥洹經》有關，內容是「《敬偈》一契，文出雙卷《泥洹》。故曰《泥洹唄》」，據說到慧皎時代還沒有失傳。這大概是江南第一個僧團的成立，是爲了寺院的規制而成立。然而就此一時期的諸僧記錄來看，支謙與康僧會似乎是中國第一批創作與傳授梵唄的西域僧人。

從以上的分析，我們了解，中國初期佛教流行的情形，事實上是摸索情況多於教學情況。諸位譯經大師僅就他們對佛教的看法做翻譯經典的參考（如安世高所傳的系列禪經），或是看見中國佛教當時缺少的教法而作補充（如曇柯迦羅所翻譯的《僧祇戒心》），佛法是這樣漸次的被帶入中國。由於這一時期是以翻譯經典爲主，所以中國所接受的佛法，大概是印度與西域當時流行的各種經教。

然而由於印度佛教僧人諷誦經典的習慣，初期中國佛教的梵唄應該是以梵文念誦爲主的。僧人們或以梵文經本爲主（康僧會方式），或誦經口譯（像安玄譯經方式），不論是以梵文經本也好，或是口出誦譯的也好，這種念誦梵文的音聲，已經影響到中國文人。慧皎在《譯經》之後的「論曰」提到：像支謙等人這樣的西域譯經法師，他們在翻譯的過程裡都以非常謹慎的態度：「一言三復，詞旨分明，然後更用此土宮商，飾以成製。」這說明了早期梵僧翻譯經典的思考：不僅是想要暢通義理，更想要保存梵文特有音韻。他們不僅精密地體察華梵文義，更體察了華梵文體的差異，而能翻譯出較好的佛經。由是而有安玄的翻譯：「理得音正，盡經微旨，郢匠之美，見述後代。」從上述記載，我們可以看出，其實在初期中國佛教翻譯經典之時，將梵唄放置其中的思考是曾經存在的。故西來僧人的譯經過程，梵音的優美受到中國文人的欣賞，遂影響了後代的中國文學發展。

但是基於梵唄的儀式用途，西來高僧大德並沒有忘記。支謙、康僧會仍因爲漢地佛教初傳，尚未有適用的梵唄，故特別爲此地創制了新的梵唄《菩提連句梵唄》三契與泥洹梵唄。另外，曇柯迦羅在北方因見到佛教教制不全，不僅將正統的齋懺事法復興了起來，還特別設立了僧人羯磨法，從此以後北方漢人不僅有了比較完整的僧團制度，更有法事規制，凡此法事皆需要梵唄。雖說《高僧傳》並沒有明白說明曇柯迦羅是否創制梵唄，但從他的學歷背景，「善學四《圍陀》」，必然精通梵文音律念誦，同時又精研律學，對於僧制一定非常嫻熟。是故對於中國初傳佛教時期的梵唄亦有相當的貢獻。

## 漢語梵唄的開端——魚山制梵

「魚山制梵」是佛教初傳漢地時期最值得大書特書的一件事情，自古以來中外都認爲我國佛教有漢語梵唄是從此開始的。

爲什麼要從曹植才開始有漢語梵唄？這要從東漢的楚王英說起。原來中國初傳佛教的梵唄，隨著譯經法師的來華，不僅傳譯了佛教經論，還收了一批信眾，最有名的要算是後漢的楚王英。楚王英年輕的時候喜歡交遊賓客，晚年喜歡黃老之術。據說他曾經「學爲浮屠齋戒祭祀」，恐怕是中國最早有佛教思想的貴族：

建武八年，詔令天下死罪皆入縑贖。英遣郎中令奉黃縑白紈三十匹詣相國曰：「託在蕃輔，過惡累積，歡喜大恩，奉送縑帛，以贖愆罪。」國相以聞，詔報曰：「楚王誦黃老之微言，尚浮屠之仁祠，絜齋三月，與神爲誓，何嫌何疑？當有悔吝？其還贖，以助伊蒲塞、桑門之盛饌。」（《後漢書》

這應該是中國最早一段關於佛教齋戒祭祀的記錄。楚王英當時不僅已經知道浮屠（佛陀），而當時的相國（最高行政長官）亦知道楚王英所崇拜的對象，在頒發的詔書上提到「伊蒲塞」（優婆塞）與「桑門」（沙門）。足見漢楚王英的時代，中國已經知道佛教有沙門，也知道佛教有在家居士的觀念。而從這個記錄來看，楚王英應該是一位皈依三寶的弟子，舉行過齋戒祭祀之儀。然而到底楚王英當時，也就是漢光武帝時代有無梵唄呢？我想應該是有的，楚王英時代已經有桑門，說明當時有胡僧或是梵僧來到中國，這些僧人多少都會念誦經文。從齋戒祭祀之儀的記錄來看，佛教儀式應已傳入中國，在東漢王公貴族當中流行，但沒有說明有漢語梵唄的存在。到了東漢桓帝，出現了「設華蓋以祀浮屠、老子」的禮儀，《續漢志》則說他們是用「郊天樂」來祭祀佛陀與老子。這說明了漢朝不僅有供養佛陀的觀念，還有儀式存在，並且已經知道使用音樂來供養佛陀。

雖然這樣的記錄並不多見，但至少說明了一個事實：佛教早在東、西漢的時代就已經來到中國，而且有王公貴族信仰，佛教儀式已經存在，用音樂來祭祀佛陀的觀念也已成立。因此，梵唄存在於中國應該有一段不短的時日。但在這期間，中國人視佛教是外來的宗教，認為是「胡人的宗教」。然而楚王英時代並未明白紀錄有梵唄之起，亦兆自陳思，始著《太子頌》及《睒頌》，因爲之製聲，吐納抑揚，並法神授。今之皇皇顧惟，蓋其風烈也。

而《諸經集要》卷四說到：

魏時，陳思王曹植字子建，魏武帝第四子也。幼含珪璋，七歲屬文，下筆便成，初不改定。世間藝術無不畢善，邯鄲淳見而駭服，稱爲天人。植每讀佛經，輒流連嗟翫，以爲至道之宗極也，遂製轉讀七聲升降曲折之響，世之諷誦咸憲章焉。嘗遊魚山，忽聞空中梵天之響，清雅哀婉，其聲動心，獨聽良久而侍御皆聞。植深感神理，彌悟法應，乃摹其聲節，寫爲梵唄，撰文製音，傳爲後式。梵聲顯世，始於此焉。其所傳唄，凡有六契。

由於該段史事其實並不見於《三國志》，而且僧祐《出三藏記集》卷二載有支謙所譯《瑞應本起經》二卷，並沒有《高僧傳》所說的「曹植刪治」的記錄，學者陳寅恪在《四聲三問》文中表示懷疑這個傳說是依託之作，但是中國佛教對於魚山制梵這個故事是全盤接受的，不僅在佛教界中廣爲流傳，甚且遠播外國。韓國佛教禮儀學者洪潤植，引《梵音集删補序》之說，認爲韓國梵唄之源來自「陳思王遊魚山」，並提到「唐三藏公（按：大概是指玄奘三藏）求法西大聞彼梵聲，與此大同」。日本佛教也受到影響，將其梵唄命名爲「魚山聲明」，並尊曹植爲梵唄的聖祖，惟認爲魚山聲明的聲曲內容與曹植創制的魚山梵唄並無直接的關係。事實上也是如此，蓋曹植所創作的魚山梵唄，主要內容是在於《太子瑞應本起經》及《睒頌》，這與天台宗法會使用梵唄——《魚山聲明集》內所收的五十五曲確實是毫無關係的。

魚山梵唄是以漢語佛典爲主要的讚詞，這一點很重要，曹植摹擬當時的「空中梵天之響」，將《太子瑞應本起經》與《睒頌》兩部佛典故事置入唄聲，成爲中國人創制漢語梵唄的第一人。《太子瑞應本起經》的內容主要是講佛陀一生從在家到出家及後來成道的故事。《睒頌》則主要講述佛陀前世的故事。佛陀前世，睒子，是佛道修行者，對三寶信仰殷切。因爲父母年老雙目失明，侍奉雙親至孝。一日爲了找水喝，卻遭到國王毒箭射中而死。遭此橫禍，睒子雙親因此哀痛呼號。帝釋天聽到睒子的故事，甚爲感動，而將睒子救活（《方廣大莊嚴經．卷五．音樂發悟品》）。

以上資料告訴我們，魚山梵唄的讚詞是來自佛教經典。這一點影響很大，至少在唐宋以前，梵唄的讚詞大多以經典中詩偈爲主。只是這些唄讚應該與法會或儀式有關，但不知爲什麼，相關法會或儀式的記載尙闕。所以筆者推測，曹植所選擇的材料，一方面有宗教上的義涵，另一方面也有儒家弘揚孝道的思想。根據《高僧傳》的說法，曇柯迦羅在三國魏嘉平年間來華以前，未有正式的齋懺法事，據此可知魚山梵唄很可能只是用來作爲唱導，以宣揚教義爲用途，應屬表演性質的藝術，而非法會儀式或修行用的梵唄。

以佛教文化，特別是就大乘佛教來講，一個法門能不能有效，重點在於這個法門可不可以與佛菩薩相應，這應該是佛教徒最關心的事情了。就以誦經而言，西域僧人帶來的梵文念誦，應該是最能夠感應（以前在印度時就已經感應過了），中國佛教徒只要接受西方法師們口傳梵文經典就可以了。（這種情形就像今天在台灣熱衷西藏佛教一樣，因爲，西藏語言蘊含著大量的梵音，被視爲最能與佛菩薩溝通的語言，而在台灣佛教徒之間流行。）但是有趣的是，中國初傳佛教情形並非按照這個路線進行，來華胡僧們並沒有選擇「感應」而是選擇了「義理」的介紹，這使中國漢魏時期佛教形成一個別於後代的風格：重視與強調義理。即使到了慧皎的時代，也是強調音聲與經義不可偏頗，這種思想爲漢語梵唄開啓發展的契機。

魚山梵唄帶給中國佛教的意義是：既然這是從天上傳來的梵音，這也就等於告訴了中國佛教徒們，佛菩薩並非只有保佑那些會講胡語與梵語的人士；天音既然出現在中國的魚山，那麼只要能夠唱誦記錄下來的聲調，則或許可以獲得感應與保佑。然而令人疑惑的是，迄今還沒有發現唱念魚山梵唄得感應的記錄。所以筆者以爲，魚山梵唄的重要性，或許在於樂調的創作，而非修行上的價值。這或許就是魚山梵唄受到後代尊崇與讚歎的原因：一方面是因爲大詩人曹植的名氣有關，然而最主要是以天上傳下來的「清淨梵音」稱著。慧皎大師在《高僧傳》終推崇：「吐納抑揚，並法神授」，這說明了魚山梵唄發自天上，具備了神祕傳說的性質。

然而筆者以道世法師的說法最爲中肯，道世法師說：「空中梵天之響，清雅哀婉，其聲動心。」顯見曹植魚山梵唄的風格，不僅講究唱法，更重要的在於哀婉，這不僅是梵唄最能感動人心的地方，而且是眞正承繼了印度佛教傳統唄讚的風格。（如馬鳴菩薩作《賴吒和羅》曲子宣說苦空無我，曲風就是這種哀婉的風格。）這才是魚山梵唄流傳廣遠的主要因素。事實上，這種哀婉的風格也成爲後來中國佛教梵唄最主要的風格。而從「轉讀七聲升降曲折之響」可知，蓋因中國傳統音律乃以五音爲主，七音的梵唱則主要從印度傳來，由此可知曹植學習過音樂，並了解音律。

魚山梵唄帶給後世的影響非常可觀。雖然聲曲已經失傳，但是後世推崇並沒有因此減少。據《法苑珠林》卷三十六記載，道宣法師說唐初還有六契。而到了慧琳的時代，《一切經音義》卷二七則說：「至今傳之」。這與其他同時期，如支謙、康僧會等人製作的梵唄來說，魚山梵唄經過將近六百年的歲月，傳承不斷，歷久不衰，是中國佛教眾多梵唄當中，最受到讚賞的。是以後世審定梵唄流變，將魚山梵唄當作標準風格，《續高僧傳・雜科聲德》說：

> 唄匿之作，沿世相驅，轉革舊章，多弘新勢，討覈原始，共委魚山。

可見魚山梵唄的風格，是被當時佛教界公認最標準的梵唄，因此只要是討論梵唄，或論梵唄的變化，魚山梵唄就是衡量的標準。筆者認爲這大概就是魚山梵唄傳承久遠的重要原因。所以不論是中國，甚且是韓國與日本等，莫不尊曹植爲祖，以魚山之後裔自居。然而宋元代以後，興起以詞曲牌風格爲主的新式梵唄，法會上一些重要梵唄的曲文改由祖師創作爲主，不再只是取材於經中的詩文。於是曾經作爲梵唄中流砥柱的魚山梵唄，地位就不如從前。我們從上面資料看出，至少在唐代以前魚山梵唄還是存在的。至於唐末以後似乎就失傳了，想必是這個原因吧！

## 三、六朝時期的梵唄文化發展

六朝時代（兩晉與南朝宋、齊、梁、陳，北方五胡十六國、前秦、東西魏及北齊、北周）是中國歷史上最紛擾、大分裂的時代，同時也是中國佛教起飛的時代，中國佛教在此一時期形成了不可動搖的基礎，爲後來隋唐大成的時代做好了一切必要的準備。而今天我們可以看到的中國佛教梵唄，如懺儀、水陸法會、念佛持咒等等的觀念，大多在這個時期奠下基礎，而此一時期中國文學，由於傳來的梵唄，引發中國聲韻學的發展，造就後來中國文學重視聲律的發展趨勢。

## 影響誦經風氣的經典傳來

前面一節大致介紹了中國初傳佛教時期，從西域與印度傳來的經典，是以大乘經典與聲聞乘的禪經爲主。此外，於《阿含經》也漸次傳來，六朝時代，根本佛教的「四阿含」在此一時期大備。而與「毘曇學」有關的論典也有介紹進來，如晉代僧迦提婆與慧遠共同翻出《阿毘曇心論》，北涼・浮陀跋摩共道泰翻譯的《阿毘曇毘婆沙論》，符秦・僧伽跋澄翻譯的《鞞婆沙論》，符秦・僧伽提婆與竺佛念翻出《阿毘曇八犍度論》，姚秦・曇摩耶舍與曇摩崛多翻譯的《舍利弗阿毘曇論》等等，毘曇學於此可謂大備，這些都與禪修有關係，但與誦經風氣的發展沒有太大關連，這是因爲聲聞乘佛法是以禪坐法門爲主，其他如音聲法門方面，則屬大乘佛教的法門。

戒律方面，合稱爲中國佛教「四大廣律」之東晉・佛陀跋陀羅與法顯合翻的《摩訶僧祇律》、姚秦・弗若多羅與鳩摩羅什翻譯的《十誦律》、姚秦・佛陀耶舍與竺佛念合翻的《四分律》、劉宋時佛陀什、竺道生合翻的《五分律》，律制之完備，六朝僧制可謂奠下不可動搖的基礎。這些戒本的傳來，基本上與僧制的完善有關，而直接與六朝、乃至與後代念誦經典有關的經典，則是大乘經典的教義。

基本上，六朝時期的佛教是朝著大乘經典的補充為主要方向，當中影響中國佛教修行觀念（關菩薩道）最深的，或修行法門的經典，差不多都在此一時期引進中國。以下為影響六朝誦經風氣最主要的經典：

## （一）般若系列經典

般若系列經典，乃是闡說「般若波羅蜜多」深理的經典之總稱。般若系列經典傳譯於漢地，是以東漢靈帝時代支婁迦讖譯出《般若道行經》為起源。其後朱士行於于闐求得《放光般若經》（六朝頗為流行）。到了姚秦時代，三藏法師鳩摩羅什來到長安，正當《放光》、《道行般若》盛行之時，鳩摩羅什繼續翻譯出《大品般若波羅蜜多經》、《小品般若波羅蜜多經》、《般若波羅蜜多心經》與《金剛般若波羅蜜多經》及《仁王護國般若波羅蜜多經》，又翻譯出龍樹、提婆之各種關於般若的論典，如《大智度論》、《中觀論》等，令般若光芒愈盛。般若系列經典不僅在於解析「空」理，最重要的是菩薩道的闡發。其中般若經典倡議念誦「摩訶般若波羅蜜多」，及勸人讀誦經典，對於後代念誦經典的風氣影響甚大，甚至於在後來出現如《大般若經》的讀誦法會。般若經並有護國佑民的作用，日本平安時期就曾經舉辦過千僧轉讀般若經的法會，盛況空前。

（二）華嚴經系列

關於《華嚴經》的譯本有三：《六十華嚴》、《八十華嚴》與《四十華嚴》。後面兩種為唐朝所翻譯，於此略不提。《六十華嚴》凡六十卷，東晉·佛馱跋陀羅譯，又稱《舊華嚴》、《晉經》，收於大正藏第九冊。總成「七處」，「八會」，「三十四品」。關於本經之翻譯，據《出三藏記集》卷九提到：《華嚴經》之梵本原有十萬偈，由東晉·支法領從于闐國攜入三萬六千偈，自安帝義熙十四年（公元四一八年）三月，由佛馱跋陀羅譯成六十卷，稱為《六十華嚴》，此為第一譯，是六朝時代頗為流行的經典，華嚴宗即是以讀誦《華嚴經》為主而發展的宗派，當時極為盛行。

（三）涅槃經系列

雖然大乘經典與小乘經典各有《涅槃經》，然而六朝流行的《涅槃經》是屬於

《大般涅槃經》，又作《大涅槃經》、《涅槃經》、《大經》，係宣說「如來常住」、「眾生悉有佛性」、「闡提成佛」等之教義。本經於北涼玄始十年（公元四二一年），曇無讖依河西王沮渠蒙遜之請，於姑臧譯出，其後傳於南方宋地，經慧嚴、慧觀、謝靈運等人對照法顯所譯之六卷《泥洹經》，增加品數，重修而成二十五品三十六卷（收於大正藏第十二冊），古來稱之為《南本涅槃經》，曇無讖譯本則稱為《北本涅槃經》，是六朝誦經高僧最常持誦的經典。

## (四) 無量壽經系列

《無量壽經》系列最重要的有三部：《無量壽經》、《阿彌陀佛》、《觀無量壽經》。其中，《無量壽經》乃曹魏・康僧鎧譯，又稱《雙卷經》、《兩卷無量壽經》、《大無量壽經》、《大經》。本經敘說「世自在王佛」時，有國王出家為僧，號法藏，誓願度化一切眾生至極樂世界，如四十八願中之第十八願所云：「十方眾生至心信樂，欲生我國，乃至十念；若不生者，不取正覺。」後成佛，號「無量壽」，國土在西方，名為「安樂」，或稱「極樂」；經中並敘及淨土之莊嚴，又勸發諸天眾生精進修行，以求往生彼佛國土。古來有關之注疏讚述不勝枚舉，六朝時代即有北魏・曇鸞之《往生論註》二卷。

《阿彌陀經》爲姚秦・鳩摩羅什翻譯。譯文簡潔流麗，誦讀者最多。內容敘述阿彌陀佛西方淨土之清淨莊嚴，諸佛眞誠讚歎眾生之往生淨土，六方諸佛之印證，及持名念佛等，使淨土信仰明確而平易。本經之注疏甚多，六朝時代較重要者有智顗之《阿彌陀經義記》一卷。

至於《觀無量壽經》全一卷，劉宋・畺良耶舍譯，又稱《無量壽佛觀經》、《無量壽觀經》、《十六觀經》，略稱《觀經》。內容敘述佛陀應韋提希夫人所請，示現西方極樂淨土，並說修三福、十六觀爲往生法。註釋本經之著作頗多，六朝重要者有《觀無量壽經義疏》二卷（慧遠）、《觀無量壽佛經疏》一卷（智顗）。

此一系列經典可追溯至東漢支婁迦讖翻譯的《般舟三昧經》，曹魏・康僧鎧翻譯《無量壽經》，《阿彌陀經》與《觀無量壽經》則庚續其後，可以說都是爲《般舟三昧經》持念阿彌陀佛佛號的教義補充，淨土法門念佛儀軌與淨土宗因此而成立。特別是《阿彌陀經》中提到「善男子善女人，聞是經受持者，及聞諸佛名者，是諸善男子善女人皆爲一切諸佛之所護念，皆得不退轉於阿耨多羅三藐三菩提。」不僅六朝時代廣受僧俗持誦，後代更列爲日課必誦。

## （五）法華經系列

妙法，意爲所說教法微妙無上；蓮華則比喻經典之潔白完美。該經主旨認爲小乘佛教各派過分重視形式，而遠離教義眞意，故爲把握佛陀眞精神，乃採用詩、譬喻、象徵等文學手法，以讚歎永恆之佛陀（久遠實成之佛），並稱釋迦成佛以來，壽命無限，現各種化身，以種種方便說微妙法，重點在弘揚「三乘歸一」，即聲聞、緣覺、菩薩之三乘歸於一佛乘，調和大小乘之各種說法，以爲一切眾生皆能成佛。其表現雖然頗具文學性，主旨則契入佛陀教說之眞思想。各品成立之年代雖互異，但自整體觀之，仍不失渾然統一，在佛教思想史、佛教文學史上具有不朽價值。

漢譯《妙法蓮華經》有六種，現存如下三種：晉・竺法護譯《正法華經》十卷二十七品（二八六年）、姚秦・鳩摩羅什譯《妙法蓮華經》八卷二八品（四〇六年）、闍那崛多與達磨笈多譯《添品妙法蓮華經》七卷二十七品（六〇一年）。其中以《正法華》最詳密；《妙法蓮華經》最簡約，流傳亦最廣，一般所誦者即爲此本。自鳩摩羅什後，注釋者屢有所出，初有南朝宋代竺道生之《法華經疏》二卷，繼之有光宅寺法雲之《義記》八卷；智顗有《法華玄義》、《法華文句》等著作。最重要的，智顗基於此經而創立天台宗，而以該經第二十八品《普賢菩薩勸發品》結合《觀普賢菩薩行法經》，創制爲《法華三昧懺儀》，影響後代甚巨。最澄於比叡山開創日本天台宗後，該經更成爲佛教教學之中心。該經是六朝時代最流行的念誦經典，慧皎《高僧傳》中「誦經」所錄高僧當中，大部分都有念誦本經。

上述諸部經典，並非六朝時代大乘經教的全部，卻是導引多數佛教徒以誦經典爲修行法門，以致形成風氣，甚至影響後代誦經風氣。是以，研究我國梵唄發展的歷史不能不了解這個過程。

## 六朝時期「北禪南講」的風氣

由於翻譯經典不斷的進行，西來的高僧大德絡繹不絕，並且受到當時政府的支持，以致六朝時期中國佛教漸次擁有了印度佛教各種流派學說。複雜的經教，使得中國佛教徒開始對佛教的系統發生了不同的興趣，形成南北不同學風。所謂「北禪南講」，北方重視禪修，南方重視經教。這種北禪南講風氣雖然形成南北不同的面貌，但爲後來造就整合性的「解行並重」思想奠下基礎。中國佛教徒對於佛教的認識日益系統化，終於產生了「南三北七」宗派成立，而統攝於天台宗教學體系之下，及形成其他宗派的基礎。六朝佛教基本上是朝向佛教教學系統的整合方向發展，是以，中國佛教的思想體系、修行的儀軌模式也都在此一時期奠基。

## （一）法講風氣的形成

佛教在漢魏之際雖有齋事祭祀，但僅止於信仰層面，與現在的「學佛」，也就是奉行佛教義理來修行，還有一段距離。這是因爲當時對佛教在義理還未普遍了解，而知識分子與王公貴族也尚未深入接觸，即如曹植創制魚山梵唄，文詞中便有孝道者，仍不脫儒家思想色彩。因此對於佛教僧人而言，如何讓中國文人，特別是王公貴族了解佛教義理，信仰佛法，是他們的重要任務。恰好漢魏兩晉之際盛行玄談，僧人在此時刻將佛法比附老莊，藉由文人名士的清談，宣揚佛教的義理。般若思想便是當時清談最好的材料。

我國大乘佛教最早輸入的經典，要以「般若系列經典」的引進影響最大。般若系列經典在漢魏之際傳來，支婁迦讖與竺朔佛共同翻譯出《般若道行經》；據說東吳支謙則重譯《摩訶般若波羅蜜經多經》，稱之爲《大明度無極》，風格近似《老子》、《莊子》；朱士行得到梵本，翻譯出《放光般若經》，西晉竺法護又翻譯出《小品般若經》，足見般若經典受到佛教人士的重視。《高僧傳》提到孫權使支謙與韋昭共輔東宮，然「吳志不載」，則未知眞否。但由此看出，僧人與名士的結合，對於後代起了一定的影響。由於般若經典理論頗與老莊思想契合，名僧風格，又十分類似清流，適合宣流有如佛教之「玄風」，因之般若思想頗爲盛行於清談名士之間。西晉譯經高僧竺法護曾經翻譯過般若經典《光讚般若經》，乃爲當時中土佛學之要籍。竺法護學習華語，支愍度稱其「研幾極玄」。他的助手聶承遠、道眞父子，及竺法首等等都被後人所稱讚。僧祐在《出三藏記集》裡記錄一則竺法護與弟子竺法乘在長安的故事：

關中有甲族欲奉大法，試護道德，僞往告急，求錢二十萬。護未有答，乘年十三，侍在師側，即語客曰：「和上意已相許矣。」客退，乘曰：「觀此人神色，非實求錢，將以觀和上道德何如耳。」護曰：「吾亦已爲然。」明日，此客率其一宗百餘口，詣護請受五戒，具謝求錢意。於是四方士庶，聞風嚮集，宣隆佛化。

這樣的道德清譽，讓世人仰慕。孫綽《道賢論》便以佛道七人比竹林七賢，以竺法護比之於山巨源。像這樣的名僧清譽，在六朝文人眼中視爲一代清流，佛法也就昌盛起來。不僅僅是竺法護，還有帛法祖、竺淑蘭、支孝龍等人，後世名士都很欣賞他們的玄理風格。來華譯經高僧帛尸梨蜜多羅，被當時的人稱呼爲「高座」，晉朝永嘉年間來到中國，遇亂住在南方建初寺。丞相王導一見到他就驚爲奇人，當時許多名士也都十分器重這位遠從西方來的僧人。後來周伯仁遇害，蜜前往探省，在他們面前唱誦梵唄三契，繼而誦咒數千言，聲音高暢，顏色不變。繼而揮涕收淚，其哀樂廢興，神氣自若。帛尸梨蜜多羅本人並不學漢語，但是他的行誼深深感動了當時名士，是以名士多與僧人往來。

僧人們不僅在名士間遊走，同時在義理探討上也不遺餘力。事實上，法講與清談是相互增上的。《高僧傳》記載六朝時代對於新翻譯的經典，特別是大乘方面的經論，舉行多次開講經座的記錄：

朱士行：在洛陽講《道行經》，後求梵本重譯。

支孝龍：時竺淑蘭初譯《放光經》，便就開講。

康僧淵：常持《心梵經》，偏加講說。

康法朗：門徒數百，講法相係。

竺法潛：講《法華》、《大品》。

竺法義：善《法華》，晉寧康三年孝武帝遣使，徵請都講說。

以上僅列幾條，實際上有晉一代，開講經座的僧人更多。這種法講的風氣，一直延伸到現在始終不墜。因此在僧人們的努力之下，西晉時代或許有研究佛學的名士，但史料不多見。「五胡亂華」以後，晉室南遷，這種法講風氣也隨之南移。東晉時有王公貴族們研究佛教，《世說新語·文學篇》提到下面幾則故事：

支道林、許掾諸人共在會稽王齋頭，支爲法師，許爲都講。支通一義，四座莫不厭心，許送一難，衆人莫不抃舞。

殷中軍讀小品，下二百籤，皆是精微，世之幽滯，嘗欲與支道林辯之，竟不得。

僧意在瓦官寺中，王苟子來與共語，便使其唱理，意謂王曰：「聖人有情否？」

王曰：「無。」重問曰：「聖人如柱耶？」王曰：「如籌算。雖無情，運之者有情。」僧意云：「誰運聖人耶？」苟子不得答而去。

上述對答顯示六朝時代文人對佛學義理已經十分深入。不僅有名士參與講經說法，更有類似公案對答的討論，這說明佛學已經是當時的時尚，並且影響到六朝政府對佛教的支持與鼓勵政策，使得中國佛教在南方眞正奠下了穩固的基礎。這其中最顯著的，要屬南朝梁的「菩薩皇帝」梁武帝，和陳代皇室對於智顗的支持，使天台宗成爲我國史上第一個獲得國家大力支持的佛教宗派。這種重視講經義解的風氣，遂成爲六朝時代南方佛教的特色。

### (二) 禪修風氣的形成

一切佛教經論教義事實上是來自於禪定的證量而定，因此自古以來佛教即以禪修當作是傳統法門。六朝時代，就在南方大開講席的時候，北方則延續前代翻譯的風氣，進一步引進更多的經論。尤其是符秦與姚秦兩代對於翻譯經典的貢獻最著。幾乎南方所盛行的經典大多是在北方翻譯出來的。由於北方連年戰亂，諸胡交攻。

《高僧傳》裡〈神異篇〉、〈習禪篇〉在在都提到此事，因此北方禪風很快就流行起來。其後，中國佛教禪宗初祖菩提達磨來華，雖然是從南方登陸，最後落腳北方，正是因爲當時北方佛教重視禪坐的緣故。

永嘉之亂以後，北方僧人南渡，使禪坐風氣在南方也漸次興盛。例如竺僧顯、竺曇猷、支曇蘭等，俱是北人禪匠；東晉道安法師提倡禪法，其弟子慧遠大師亦因江東缺乏禪法，派弟子西行求法以歸，所學禪法亦是屬於罽賓國的佛大先禪法。

聲聞乘這種重視禪修的風氣，大乘佛教也不落人後。前面提過，佛教基本教義及教理主要來自禪修的境界，佛教各種層次的境界，如阿羅漢、菩薩及佛亦是經由禪修而圓滿。罽賓法師們對於中國佛教的貢獻，固然在於聲聞乘的禪法，但是眞正奠下中國佛教禪法基礎者，還是屬於大乘佛教的禪法。聲聞乘與大乘禪法最大的差異在於三昧部分，聲聞乘謹守固定的次第，以傳統坐禪方式完成禪修的境界。大乘佛法的禪定比聲聞乘的禪定更深、更廣。這些禪定的記錄，在般若系列經典，及其他大乘佛教經典都可以看得到。由於大乘佛教的禪定境界高於聲聞乘禪定的境界，中國人重大乘教義，而不取聲聞乘教義，這是大乘佛教在中國大爲流行的主因。

然而筆者以爲，中國人喜歡大乘佛教禪法，主要是著力於方便法，大乘揚棄傳統的禪定形式，也就是不僅有傳統坐禪方式，還有多種進入禪定的方式和方法，形成所謂的「禪定藝術」，不管用哪一種方法，只要符應於「戒定慧」基礎上的合法路線，就是大乘佛教的禪定法門。其中最有名的是以念佛三昧爲主的淨土教理，及以方便教理爲基礎的《法華經》思想，後者形成天台宗教理的核心。

大乘佛教對於禪定主張，起初是以東漢時代支婁迦讖翻譯的《般舟三昧經》爲流行的禪修法門。般舟三昧是一種運用般若思想的空觀做基礎，藉由念佛而觀想十方諸佛現前的禪修法門。它與般若思想相結合，這在早期中國大乘佛教而言，是非常重要的修行法門。後來一系列的提及「觀佛菩薩」的大乘經典，其中包含：東晉佛陀跋陀羅譯的《觀佛三昧海經》，與劉宋時代大量的相關經典：曇無蜜多譯的《觀普賢菩薩行法經》、薑良耶舍譯的《觀無量壽佛經》、曇摩蜜多譯的《觀虛空藏菩薩經》、沮渠京聲譯的《觀彌勒菩薩上生兜率天經》等等，還有一些關於三昧的經典，如智嚴譯的《法華三昧經》等經典，都以看見十方諸佛菩薩爲重要修行目標爲訴求，對中國大乘佛教的禪觀法門起了很大的影響。

天台宗以《觀普賢菩薩行法經》、《觀佛三昧海經》等爲主要的禪觀依據經典，並因此創制了修行儀軌。後漢以來的般舟三昧，因爲般若思想在魏晉之際流行，可以說是較早獲得佛教徒青睞的修行法門，只要能夠持念佛名，觀想阿彌陀佛形象及極樂世界，就可以入甚深的禪定，至少是不退轉的第七、第八地菩薩果位，與佛陀果位相差不遠，因此頗受佛教界重視。慧遠大師成就般舟三昧的修持，成爲中國第一代淨土宗的祖師，促使淨土宗的念佛法門就更加流行。

此外，《觀普賢菩薩行法經》特別主張「不必入定就可以面見十方佛」的修行方法，也就是設置道場，以念誦《法華經》三七日，加上行懺悔法門等等，便可看見普賢菩薩的法門。這種「不必入定」卻可以獲得比罽賓國法師們所主張傳統禪法的禪定境界還要深、還要高的修行法門，立刻受到中國佛教界的歡迎。這使得讀誦《法華經》成爲當時佛教界非常流行的時尚。

由於南方盛行法講，使大乘經教因此流行，而北方則重視實際修行，在南北雙方觀念合流之下，使得中國佛教徒不僅解行並進，並形成了相互增上的觀念，如此形成佛學教育體系的探討，各家對於佛教修行次第有不同的理解，佛教界百家爭鳴的情況於焉興起，促成宗派的形成。其中，天台宗的教學，便是六朝時期佛學教育系統的集其大成者。

112

台北市北投區大業路260號6樓

法鼓文化

讀者服務部 收

廣告回函
台灣北區郵政管理局登記證
北台字第11073號
免貼郵資

先生 □
小姐 □

寄件人：

地址：

縣市 鄉鎮市區 路街 段 巷 弄 號 樓

□□□

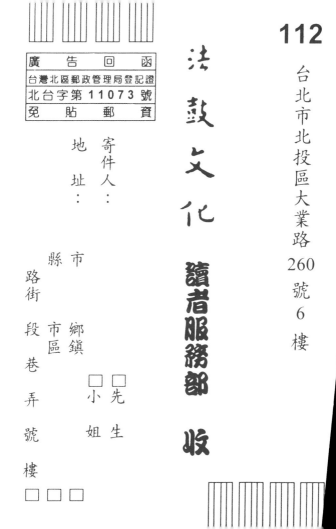

# 法鼓文化 讀者服務卡

感恩您對**法鼓文化**出版品的支持，爲了提供您更好的服務，敬請詳填本卡並寄回本公司（免貼郵票），您將會不定期收到最新出版品資訊及各類驚喜的優惠購書辦法喔！

□未曾 □曾經 填過**法鼓文化**讀者服務卡

**生日**：_____年_____月_____日

**服務單位**：________________ **職稱**：__________

**電話**：(H)__________ (O)__________ **傳眞**：__________

**學歷**：□高中（含以下）□專科 □大學 □研究所（或以上）

**宗教信仰**：□佛教□天主□基督□民間信仰□無□其他_

**是否爲法鼓山會員**：□否 □是，編號：____________

**是否定期收到法鼓雜誌**：□是 □否，暫不需要 □否，願意索閱

**您購買的書是**：____________________________

□**劃撥郵購**或 □**購買地點**：______縣(市)__________書店

**您從何處得知本書消息？**（可複選）

□人生雜誌 □法鼓雜誌 □報紙 □廣告傳單 □法鼓山活動
□電視 □廣播 □書店 □親友介紹 □銷售人員 □其他____

**您會閱讀本書是因爲**：（可複選）

□內容 □作者 □書名 □封面設計 □版面編排 □印刷精美
□定價合理 □他人介紹 □結緣書免費 □其他__________

**讀者信箱**：（您的任何建議，我們都會審慎改進，謝謝您！）

________________________________________

法鼓文化 TEL:02-28934646 FAX:02-28960731

## 誦經法門的盛行

六朝南講北禪的風氣中，南方重視慧解，盛行法講，而法講的經典大部分都是大乘佛教經典。在前面小節我們提到，誦經風氣盛行的原因，是與禪定有關。禪定可以發慧，而誦經可以領入禪定。六朝時期，經常作爲法講主題的，例如像《大品般若波羅蜜經》、《法華經》、《涅槃經》、《維摩詰所說經》等等，這些大乘經典，特別是《大品般若波羅蜜經》、《法華經》兩經特別教人要能夠受持、讀誦與解說。《妙法蓮華經·分別功德品》提到這個道理：

> 如來滅後，若有受持、讀誦、爲他人說、若自書、若教人書，供養經卷，不須復起塔寺……若有人能持是經，……智慧其德最勝，無量無邊。

禪坐入定不是不容易達到的，但是誦持經典「智慧其德最勝，無量無邊」。對於不喜歡坐禪的人來說，誦經與念佛就是他們最好的修行方法，對佛教而言，也是更易於推廣與普及的修行方法。因此誦經風氣大爲盛行。

《高僧傳・誦經篇》特別說到了念誦經典而得成就者，茲摘錄於次：

釋曇邃：誦《正法華經》，也常爲人解說，曾經在中夜其人在睡夢中，但身已被一弟子請到白馬塢神祠中講經，後來有人從祠前經過，看見他們在講經情況。又聞到奇異香味，於是大家傳爲神異。到了夏天結束，祠中的神明就送曇邃白馬一匹，白羊五頭，絹九十匹作爲回饋。

釋法相：誦經十萬餘言，鳥獸常集於左右，皆馴若家禽。

竺法純：善誦《古維摩經》，一日在湖中小島的小屋，遇到大風，法純僅有小船，情況非常危險，然他一心稱念觀世音佛號，俄而看到一條大船前來，船上無人，帶著法純離開危險地方，當法純上岸，船就消失不見，道俗都感到神異。

釋僧生：誦《法華經》，常在山中誦經，有老虎前來蹲聽，每次諷詠完畢，常看到有四人左右護衛。

釋法宗：誦《法華經》、《維摩經》，歸戒弟子三千多人。

釋道冏：誦《法華經》，有瑞應。

釋慧慶：誦《法華經》、《十地經》、《思益經》及《維摩經》，誦經之時，常聽見空中彈指讚嘆之聲。

釋普明：誦《法華經》、《維摩經》二經，每次念誦到《勸發品》常常看見普賢菩薩在旁邊。

釋法莊：誦《大涅槃》、《法華》、《淨名》，每夜諷誦常感天神來聽。

釋慧果：誦《法華經》、《十地經》，因曾誦經救度一鬼獲得超度。

《高僧傳．誦經篇》共列有二十一人，而誦持《法華經》者有十六人，可見諷誦《法華經》風氣非常盛行；誦持《維摩經》者有五人；另有諷誦《大品》、《十地經》、《大涅槃》者，可見這些經典都非常流行。慧皎在〈論曰〉中提出了他的評論：

諷誦之利大矣！而成其功者希焉。良由總持難得，惛忘易生，如經所說，止復一句一偈，亦是聖所稱美，是以曇邃通神於石塢，僧生感衛於空中，道冏臨危而獲濟，慧慶將沒而蒙全。斯皆實德內充，故使徵應外啓。經曰：六牙降室，四王衛座，豈粵虛哉！

慧皎認爲誦經本來就是爲了「總持」，此即「陀羅尼」的觀念。由於念誦陀羅尼可獲得文字般若的智慧，誦經也是如此，因此《高僧傳》中提到的曇邃、僧生、道冏與慧慶等人，就是因爲修持的德行，才能召感念誦經典的功德力量。這可以看得出，念誦經典的哲學思想淵源，主要是來自般若思想體系。

另外，慧皎大師特別提到「六牙降室，四王衛座」，這是《法華經》第二十八品《普賢菩薩勸發品》的內容。蓋因普賢菩薩發願護持念誦《法華經》的修行者，只要有修行者在念誦《法華經》時，普賢菩薩即現身於前，保護他並且教導他念誦與修持這部《法華經》。這使得六朝時代，乃至後代，掀起了《法華經》的風潮。此外，《法華三昧懺儀》的制作，更有助長念誦《法華經》，而《觀普賢菩薩行法經》的主張：「不必入定就可以看見十方佛」的修行方法，亦有不可分別的關係。

誦經在這樣的機緣之下，不僅成爲時尚，還因此成爲一種藝術。六朝時代有所謂的「經師」，是以誦經音聲美聽而著名的。《高僧傳・經師篇》列有被大家推崇的經師：

帛法橋：中山人，樂轉讀但乏聲（聲音不暢快），於是「絕粒懺悔」，七日七夕，稽首觀音，以祈現報，同學苦諫，誓而不改，至第七日覺喉內豁然，即索水洗漱云：吾有應矣。於是做三契經，聲徹里許。遠近驚嗟，悉來觀聽。

支曇籥：特稟妙聲，善於轉讀。嘗夢天神授其聲法，覺因裁製新聲。

釋法平：與弟法等俱出家，止白馬寺，爲曇籥弟子，共傳師業。響韻清雅，韻轉無方。弟貌小醜，而聲踰於兄。宋大將軍於東府設齋，一往以貌輕之。及聞披卷三契，便扼腕神服。後東安嚴公發講等作三契經竟，嚴徐動麈尾曰：如此讀經亦不減發講，遂散席。

釋僧饒：偏以音聲著稱。綜善三本起及大拏，每清梵一舉，輒道俗傾心。寺有般若臺，饒常遶臺梵轉以擬供養，行路聞者，莫不息駕踟躕，彈指稱佛。

釋道慧：偏好轉讀，發響含奇，製無定准，條章折句，綺麗分明。

釋曇遷：巧於轉讀，有無窮聲韻，梵製新奇特拔終古。

釋曇憑：少遊京師學轉讀，止白馬寺音調甚工而過旦自任。時人未之推也，於是專精規矩，更加研習，晚遂出群，翕然改觀，誦三本起經，尤善其聲。

慧皎大師《唱導篇》，也提到了一些聲音優美的唱導高僧：

釋道照：以宣唱爲業，音吐寥亮，洗悟塵心。

釋曇穎：誦經十萬餘言，屬意宣唱，天然獨絕。

釋慧璩：尤善唱導，出語成章，動辭製作，臨時採博，罄無不妙。

釋慧重：新安寺出家，於是專當唱說，秉性清敏，識悟深沈。言不經營，應時若瀉。凡預聞者皆流連信宿，增其懇詣。

釋法願：善唱導，及依經說法率自心抱，無事宮商言語訛雜，唯以適機爲要。

慧皎解釋唱導是以宣唱法理來開導眾生，通常運用在齋會上，唱導四事即所謂的「聲、辯、才、博」四件事情，以聲音爲首要。因此我們可以了解，在六朝誦經風氣影響之下，誦經不僅是一種修行方法，也是一種藝術。《經師篇》說明這些誦經的高僧們，因爲誦經、唱導而獲得奇特功德的並不多，反而都在強調他們因爲誦經的關係，獲得了音聲美好，文辭巧妙，特別能夠感動眾人，而備受眾人歡迎。由於六朝時代社會崇尚美感，誦經風氣能夠披靡的原因，除了誦經可以修行以外，最重要的是，當時的人把誦經當作佛教音樂的藝術來欣賞，對於佛教教義傳播而言達到很好的效果。誦經僧人對佛教傳播的重大貢獻，非常值得今天台灣佛教界人士參考。

## 以誦經為中心發展的佛教儀式

念誦經典的修行觀念與形式，已成爲中國佛教儀式上的主體，因此誦經背後的佛教指導思想，値得我們進一步研究與探討。中國佛教誦經風氣之所以盛行，主要是經典所主張的教理，也就是說，念誦經典可以引發與坐禪類似的功能，甚且可以引發禪定，可以幫助修行人達到三昧境界，特別是可以進入屬於菩薩果位的三昧境界。《高僧傳・誦經篇》所記錄的高僧大德，在誦經同時也兼習禪業，足見他們的觀念是將誦經當作禪坐的「助行」，也就是輔助修行的法門。

慧皎在《高僧傳・誦經篇・論曰》中說的：「良由總持難得」，總持，就是陀羅尼。陀羅尼是可以引發三昧的，進入三昧看見佛菩薩的法身。關於這一點，南方的廬山慧遠大師，與北方的鳩摩羅什大師在往來書信上曾經討論過，鳩摩羅什大師信上說：

> 大乘部著，謂一切法無生無滅，語言道斷，心行滅處，無漏無爲，無量無邊，如涅槃相，是名法身。及諸無漏功德，並諸經法，亦名法身。所以者何？以此因緣，得實相故。

是以，持誦經咒亦可視爲「法身」，因爲誦持經咒可以見到諸法實相，可以進入甚深三摩地，引發高深的智慧。是以《高僧傳》所記錄的誦經才會發生一些不可思議的事蹟。《翻譯名集》卷五對於誦經音聲之所以會有功德，有這樣的說法：

> 《俱舍》云：牟尼說法，蘊數有八十千，彼體語或名，是色行蘊攝，體即教體，語即語業，名謂名句，言是色行蘊者。由聲不可見，有對色，在色蘊收。名句屬不相應行，在行蘊攝，體既通於行色，則顯能詮之教。聲、名、句、文四法和

合，方能詮理。又復須知佛世滅後，二體不同。若約佛世八音、四辯、梵音聲相，此是一實，名句文身，乃是聲上屈曲建立。……西域貝葉，東夏竹帛書寫聖教，其中所載，名句文身咸觸色法，此則從正別分，若乃就旁通說，佛世雖正屬聲，旁亦通色。如迦旃延撰集眾經要義，呈佛印可。斯乃通色，滅後正雖用色，旁亦通聲。

《翻譯名集》引《俱舍論》說明佛教的教理，在佛陀時代是佛的金口宣說，是以音聲即實相。但佛陀滅度以後，這些金口宣說的經教集結，後經人以梵文寫下，仍可以「通色」，也就是指出「語言道斷，心行滅處」的「諸法實相」的般若智慧，而「若約佛世八音、四辯、梵音聲相，此是一實，名句文身，乃是聲上屈曲建立。」這樣一來，聲上屈曲，以佛的微妙音聲來歌詠法言可以見到「一實相」，也可以「顯能詮之教」，見到「諸法實相」。那就是說，以梵音唱誦經文是可以顯出能詮之教，進入三昧。梵音也就是我們所說的梵唄，《翻譯名集》卷四對梵唄一詞做出解釋：

唄匿，或梵唄，此云止。若準律文唄匿如法，《出要律儀》云：……翻為止斷也，又云止息，由是外緣已止已斷，爾時寂靜，任爲法事也。

換句話說，在印度佛教的看法，梵唄本身能夠「外緣已止已斷」，此時正是「寂靜」，而可以「任爲法事也」。這可以用來說明與形容六朝佛教對於誦經的思想，就是「外緣已止已斷」而能夠「任爲法事也」，是以在這樣的定境當中，可以作什麼樣的法事呢？

1. 向十方諸佛菩薩面前懺悔，可以獲得不退轉的成就。所以念誦懺悔文，爲的是引發三昧，《法華三昧懺儀》是在這樣的思想上創制出來的。
2. 念誦經典或懺儀當中進入三昧演說如來教法與開示，或是迎請佛菩薩的威神力來領導亡魂超度離開三惡道。梁皇寶懺、水陸大法會是在此思想基礎制定的。
3. 念誦經典或儀式當中，迎請佛菩薩降臨，承事供養，或以超薦父母祖先，以盡孝道；或以種下福德因緣，爲未來成佛鋪道路。盂蘭盆法會、齋會、供養法會等都是在這樣思想下建立的。
4. 在諸佛菩薩面前稱念佛號，發願往生淨土，因此在念佛的儀式之前，往往要念誦淨土相關經論，稱讚如來，然後讀誦大乘經典，乘著念誦經典的寂靜，進入佛教念誦，爲入念佛三昧而努力。現行佛七儀軌是在這樣的思想之下成立的。

5. 迎請諸佛菩薩後，在佛菩薩面前念誦咒語，發願迴向，祈求達到念誦咒語的願望。譬如天台宗的大悲咒水行法，是建立在這種思想之上。在迎請觀世音菩薩降臨之後，於菩薩面前念誦《大悲咒》，祈請菩薩的法力加持於水，成爲「咒水」，用來治病及其他用途。

誦經有這種能夠入定，見諸法實相的功德，不少法會儀式都以誦經爲核心，而建立起來。前面所說的三種類型佛事，僅是部分，並非全部。這種念誦經典爲核心的法會儀式，卻是中國佛教得以自創儀式的最主要依據。是以，中國佛教儀式最主要的形式幾乎都奠基於六朝時期。

## 梵唄與文學聲律論的發端

基本上中國初傳佛教時代的梵唄唱腔，是參照印度佛教念誦方式來製作。除了曹植的魚山梵唄，支謙的菩提連句梵唄，與康僧會創制的泥洹梵唄，六朝時期還有西晉末年西域僧人帛尸梨蜜在建康傳授梵唄，他的「高聲梵唄」可能只傳給弟子覓歷，覓歷後來成爲江南梵唄的高僧。而東晉時代，支曇籥創制出「六言梵唄」。這此都是當時西來高僧的創制，大多是以經典內詩偈爲主，絕少自己創作歌辭。

另一方面，根據慧皎的記錄，自從漢語梵唄——魚山梵唄問世以後，晉代的佛教界基本上是延續它的風格傳承。帛橋與支曇籥都宣稱他們是「祖述陳思」，但卻「愛好通靈，別感神製」。這說明了晉代初期的梵唄創制者，受到曹植魚山天音影響，宣稱他們創制的梵唄是得自天神的啓示，這才流行起來。這種情形一直到「石勒建平中，有天神降于安邑廳事，諷詠經音，七日乃絕」這件事情發生以後，當時在流傳的那些「愛好通靈，別感神製」的作品就全部都絕跡了。到底石勒建平中的事件，是什麼樣的事情，筆者無能考證，但從這段記錄來看，六朝初期的梵唄似乎是帶著迷信色彩的背景發展起來的。

然而南方宋齊年間，佛教界流行的梵唄卻引起重視音律的風氣。南朝齊代永明七年二月十九日，司徒竟陵文宣王蕭子良夢到自己在佛前歌詠《維摩經》梵唄一契，聲音誦出以後就夢醒，立刻到佛堂前記憶夢中所念誦曲調，歌詠《古維摩經》一契，感覺聲韻極好，次日就召集京師擅長梵唄沙門者，如龍光普智、新安道興、多寶慧忍、天保超勝及僧辯等人，到家中來研議梵唄，辨《古維摩經》一契與《瑞應本起經》四十二契並七言偈一契。這是中國佛教有史以來第一次舉行梵唄學術研討大會。陳寅恪先生以爲，這是一次「審音的大會」。慧皎稱他們「殷勤嗟詠曲意音律，撰集異同，斟酌科例，存倣舊法，正可三百餘聲。」此次討論保存了古代聲曲多契。陳寅恪先生《四聲三問》內容對這次大會論述頗爲深入，他以爲：

經聲之盛，始自宋之中世，極於齊之初年。竟陵王子良必於永明七年二月十九日以前即已嫺熟轉讀，故始能於夢中詠誦。然則竟陵王當日之環境可以推知也。雞籠西邸爲審音文士抄選之學府，亦爲善聲沙門結集之道場。永明新體之詞人既在「八友」之列，則其與經唄新聲之制定以前之背景不能不相關涉。

要言之，這次史上第一次中國佛教的梵唄學術研討會，原來目的是在於「制唄新聲」。由於建康這個地方本來就是六朝歷來的政治中心，故爲善聲沙門及審音文學之士的居住之地。《高僧傳》所列著名經師，其中不少都居住在京師一帶。其轉讀聞名享譽當時，不僅於佛門之內，平民百姓和文士對此亦十分有興趣。竟陵王即有心從事梵唄的創制，其與梁武帝、沈約、王融、謝朓、蕭琛、范雲、任昉、陸倕等八人號稱「八友」，這批文學之士提倡「四聲之說」，與竟陵王經唄新聲創制的時間極爲相近。永明時期，沈約與周顒兩人是聲律學的代表人物，沈約撰寫《四聲譜》，用「宮、商」，以「平、上、去、入」四聲來制韻。此四聲的聲律概念，是「四聲可以配五音」的觀念。日僧空海在《文鏡密府論》當中，說得比較清楚：

元氏（按：唐代元稹）曰：「聲有五聲：角、徵、宮、商、羽也，分於文字，四聲：平、上、去、入也，宮商爲平聲，徵爲上聲，羽爲去聲，角爲入聲。故沈隱侯（沈約）論云：欲使宮徵相變，低昂殊節，若前有浮聲，則後須切響。一簡之內，音韻盡殊，兩句之中，輕重悉異，妙達此旨，始可言詩。」

四聲觀念可以比對前面提過的印度梵文三聲配上音階，兩者的觀念十分相似。沈約以這樣的文學主張來撰寫文章，號稱「永明體」。而周顒則「太學諸生慕顒之風，爭事華辯」，其所謂的「辯」，就是《齊書・周顒傳》卷四一的「音辭辯麗，出言不窮，宮商朱紫，發口成句。」可以說他們都是受到佛教梵唄音聲的影響。

這種使用「平、上、去、入」來做爲音韻記號的文學聲律主張，中國佛教也有採用。傳到日本佛教天台宗的魚山聲明，就是主張「平、上、去、入」四聲概念。

《大正藏》第八四冊收錄《大原聲明博士圖》就收錄了這種以四聲來繪製聲律圖的記錄。顯然竟陵王不論在佛教，或是在文學上，聲律的發現與運用是這次梵唄創制會議上的成就。與初傳佛教重視「音聲神授」的觀念相比，竟陵王重視聲律的觀念顯然是進步的。

然而這次有史以來第一次的梵唄大會，所獲得的成果卻是「自茲厥後，聲多散落」，結果「人人致意補綴不同，所以師師異法，家家各製」這樣的遺憾後果。對於這個情況，慧皎批評他們：

但轉讀之爲懿，貴在聲文兩得。若唯聲而不文，則道心無以得生，若唯文而不聲，則俗情無以得入。……而頃世學者裁得首尾餘聲，便言擅名當世。經文起盡曾不措懷。或破句以合聲，或分文以足韻，豈唯聲之不足？亦乃文不成詮。聽者唯增怳忽，聞之但益睡眠。

慧皎大師這一番透徹見解，告訴我們，梵唄眞正的重點，並不是在於音聲，而是在於義理的彰顯。如果強調音聲，而忽略了經義，豈不如同世俗歌詠？這種強調音聲，忽略經義的現象，或許就是造成後代「聲多散落」的原因。似乎中國佛教有梵唄以來，感應一直是一件非常重要的事情。魚山梵唄音聲，在中國如此流行，顯然「天音神授」觀念曾經是主要的原因，影響到對韻調的選擇。這種只重感應的唄經觀念，不能不說是中國佛教梵唄發展史上的一個遺憾。但是竟陵王的努力卻促成聲律的發現，不僅對於我國詩歌文學有所成長，對佛教梵唄的記譜也有所助益，算是意外的收穫。

除了上述的發展，六朝時期亦有以地方歌曲作讚唄，如浙左、江西、荊、陝、庸、蜀等地均有轉讀，然而只是當時詠歌（也就是流行歌曲），並無特色，故慧皎大師略而不記。

在此時期，魚山梵唄仍在流行。魚山梵唄之所以成功，並流傳久遠的原因，就是因爲魚山梵唄「吐、納、抑、揚」的聲法，符合語言發聲方法。竟陵王等人的努力，在佛教界可能是沒有成功，然而重視聲律的梵唄思想卻在無意間開啓了中國文學史上聲韻學的發展，倒是始料不及的。

## 《國清百錄》與六朝梵唄的總結

前曾經說過，梵唄是爲法會的儀式而設。在古代法會通常是由僧人舉行，而古代僧人大多以群居的僧團爲單位，僅有少數僧人獨自修行。因此法會的舉行都是少則二人，多則數十乃至上百人的大法會。想要了解梵唄的種類，就要向法會探求，必須明瞭寺廟所制定的清規，才能知道該寺廟舉行何種法會，所使用的儀節、梵唄和課誦本爲何，通常從道場清規入手是最直接的。

我國最早有寺廟清規的是東晉釋道安所創制的「僧尼軌範佛法憲章」，它的內容有三條：

一曰行香定座上講經上講之法

二曰常日六時行道飲食唱時法

三曰布薩差使悔過等法

這三條告訴我們，在道安大師的時代已經有了講經儀式，其次也有類似現今用齋時的「二時臨齋儀」儀式。再者有「布薩」、「差役」及「懺悔」三種儀式。不過，當時是使用什麼樣的儀式，唱念什麼樣的梵唄，迄今不得知。唯一可以知道的是，在東晉時代，僧制已經非常進步了。幾乎該有的儀式及規制，道安大師的僧團大概都有了。

隨著佛教傳入，經典越來越多，儀式也開始變得複雜化。佛教徒經由整理經教，形成了自己一套的佛學見解，但也因而分立宗派。筆者以爲，宗派的形成，不僅僅是思想主張的不同，更是修行主張的不同，這些主張往往都蘊藏在寺廟的清規裡。我國最早出現內容完整的清規，要屬陳隋之天台宗的《國清百錄》。我們可以從《國清百錄》內看到至少在南朝陳代以前的一些梵唄及儀式概況。

天台宗的修行法門以懺儀最有特色，其融合六朝以來的誦經觀念，運用《法華經》及《觀普賢菩薩行法經》觀念，不必入定，但要一心讀誦經文，在普賢菩薩面前至心懺悔，以求淨除罪障，進入甚深三昧，始能面見十方三世一切諸佛。這種懺儀的修行方法，事實上熔鑄了誦經、念咒、拜佛、禪坐、禮佛、歎佛、供養等六朝以來各種大乘佛教修行法門，巧妙運用結合，眞正是千古絕作。筆者在前述已經說明，後世淨土宗、禪宗、華嚴宗等各宗各派，莫不以天台宗儀式爲範本，建立自己的道場修行方法。

天台宗有組織有系統的整理經論，形成「五時八教」，尤有勝者是智者大師制定、後人集成之《國清百錄》，不僅規定種種修行內容，更重要的是訂下僧團作息時間，及修行的功課表。以其對經教的理解而形成的教學理念，熔鑄修行成為教育的內容，眞正發揮了解行並重，成就了天台宗「教觀雙美」的大乘菩薩教法，這是天台宗對中國佛教的貢獻。後來禪宗的《百丈清規》大部分參考《國清百錄》。就時代來說，陳隋之際天台宗《國清百錄》的規制，可說是六朝以來誦經風氣、修行觀念及各種梵唄的總結。

很可惜當時《國清百錄》收錄的種種梵唄，今天大都不常見到，但是使用儀式的規制及修行觀念卻一直影響到今天。例如在懺儀中「燒香、散華」所唱念的：「願此香華雲，遍滿十方界」，現在則是被《爐香讚》取代了，而天台宗使用的《三皈依偈》現在還在使用。「迴向」與「發願」的儀節現今皆存，然因宗派修行宗旨不同，而有所更動。這說明了《國清百錄》對後代儀軌的影響非常大。

# 四、隋唐會昌前後的顯教梵唄

隋唐時期特別之處，除了中國大乘佛教重要的宗派都在此期間成立以外，論及梵唄，最大的特色就是眞言佛教。筆者因限於對眞言宗哲學經教的學力，關於眞言的部分與念誦法的教理觀念，將另行再談，論述範圍限定在顯教部分，亦即眞言宗以外的中國佛教梵唄流傳歷史。此外，唐代佛教的僧人除了誦經以外，也從事民間講唱，宣揚佛教，筆者在此僅致力於僧團修行活動爲中心的相關梵唄，對於講唱、變文並未列入。

隋唐兩朝是中國佛教及其文化發展的新時期，主要的標誌是在於中國佛教宗派的產生。自陳隋兩代的天台大師智者創立天台宗，吉藏創立三論宗，杜順與唐代法藏創立華嚴宗，唐代道宣創立律宗，善導則開創淨土宗新局面，玄奘、窺基則創立法相宗等等，這些都是中國僧人創立的宗派。唐開元年間，天竺僧人善無畏、金剛智與不空創立眞言宗；禪宗，雖由菩提達摩創立，實際大成於唐代慧能之手。因此可以說，中國佛教的基盤是在隋唐時期完成的。開元以前，我國梵唄文化大部分都是以顯教爲主，開元以後，則增加了眞言宗部分。中國佛教的儀式、儀軌到此大致齊備。

再者，東晉至隋唐以前二百多年的歷史，我國始終是南北分裂局面，到隋代才得以統一，因此不論是道安的「僧尼軌範佛法憲章」，還是梁武帝等南方的著名佛教儀式，未能眞正普及於全中國。雖未見具體記載，但可以了解的是，到了隋唐以後，全國才開始普遍流傳這些儀軌與寺廟清規。基本上，隋唐佛教的儀軌是延續著六朝方向繼續發展的。

## 華嚴宗、淨土宗專宗梵唄

本來佛教是「一味和合，萬流歸宗」的宗教，但是眾生根器不同，對佛教法門有不同的偏愛。中國佛教自六朝以來，對於從印度傳來教理、教義上的接受已經到了一定的程度，從西域天竺傳來大量的經典，西來的高僧又頗爲眾多，形成百家爭鳴的情況，因此六朝中後期（大約在梁以後），中國佛教就朝著宗派發展，初期大抵是在義理的主張上，後來則有教理、教義的整理。天台宗是這方面的佼佼者。智者大師對於當時的教理、教義可以說全盤掌握，形成自己一套完整的佛學教育及修行體系。因此天台宗教學可以說是總結了六朝以來的中國佛教的發展，為佛教中國化提供了堅實而有力的基礎。其後形成解行並重的華嚴宗、淨土宗，甚至於連專行禪法的禪宗也都受到了影響。

天台宗的哲學特點並非僅止於對佛陀一代教法的理解與整理，特別是在於因循著教義教理所發展出來的修行方法，《法華三昧懺儀》融合了誦經、坐禪、禮佛等等行法，這類懺儀成為天台宗的特色，對後來的華嚴宗、淨土宗、禪宗產生了一定的影響。這三宗的儀軌也自成一家，梵唄的使用因而有所不同。至於法相宗，並沒有太多關於儀軌的記錄，故此略而不論。

### （二）華嚴宗行門的儀軌

華嚴宗最主要的經典是《華嚴經》，華嚴宗的修持儀軌即以《華嚴經》為主。相對於天台宗流行於南方，隋唐初期，華嚴宗流行在北方。然而到了「會昌法難」，北方佛教幾乎全部遭到災難，華嚴宗受創甚深，一蹶不振，華嚴宗的修持儀軌也大多散失，只能從唐代法藏法師編纂《華嚴經傳記》的《讀誦》與《轉讀》兩篇當中，看到當時修行華嚴行門者是以誦持《華嚴經》為主。今天，我們還可以看到的華嚴宗修持儀軌主要是來自《華嚴經傳記・雜述》，其中有關華嚴宗修持法門記述如下：

禮佛：有《華嚴經中佛名》二卷、《菩薩名》一卷，不知名人士撰寫。賢首大師校訂。另有天台智者大師撰寫的《普禮法一十五拜》，法藏云：「江表盛行」。還有《華嚴三寶禮》十首、《華嚴讚禮》十卷十首，前者禮《華嚴經》中三寶，並說經中佛法及普賢等。後者則以「華嚴三會」爲主要內容。

齋法：有《華嚴齋記》一卷，是齊代竟陵王撰寫的，只要到了「方廣齋集，皆依此修行」，是六朝以來盛行的華嚴齋法。

供養：《供養十門儀式》，沙門智儼撰寫。

禪觀：《華嚴三昧觀》一卷，法藏所撰寫。主要就是要完成「普賢菩薩願行」，當來得以參加華嚴海會，用於天台法華三昧觀模式來修行的。

這些儀式今天《大正新修大藏經》皆未收錄，想必是散失了。因此僅列存目。

然觀唐法藏《華嚴經傳記・雜述》附錄了卷後日人記述，推想日本或許現在還存有這些關於華嚴宗誦持的法門。一般而言，華嚴宗行門觀念，是立基於天台宗行門觀念的基礎上發展的，從現存《卍字續藏》當中《華嚴海印道場懺儀》的題辭及其儀軌當中可以看出。

## （二）善導大師的淨土宗儀軌

淨土宗自初祖廬山慧遠大師結社念佛以來，在中國開始流行。但是淨土宗眞正奠定大盛的基礎，要屬唐代善導大師了。

善導大師（六一三至六八一）是山東臨淄（一說安徽盱眙）人，俗姓朱，號終南大師，爲淨土宗第三祖，亦即淨土宗曇鸞、道綽派之集大成者。幼年投密州明勝法師出家，曾經誦過《法華》、《維摩》等經，後得《觀無量壽經》，修習十六觀。唐太宗貞觀十五年（六四一），赴西河玄中寺，謁見道綽，修學《方等懺法》，又聽講《觀無量壽經》。專事念佛，得念佛三昧，於定中親見淨土之莊嚴。其後入長安傳淨土法門。師行持精嚴，日常合掌胡坐，一心念佛，被稱爲「彌陀化身」。從善導大師的傳記當中，我們不難發現，善導大師曾接受天台宗相關教理的教育，是以善導大師所製作的修行儀軌頗有天台宗色彩。

善導大師著有《觀無量壽佛經疏》四卷、《淨土法事讚》二卷，及《觀念法門》、《往生禮讚偈》、《般舟讚》、《五種增上緣義》等各一卷，甚受淨土宗重視，故經其闡揚而確立之淨土宗，特稱善導流，爲唐代佛教特色之一，對淨土宗影響至鉅。其中與梵唄相關的則有《淨土法事讚》二卷、《往生禮讚偈》、《般舟讚》各一卷。

1.《淨土法事讚》二卷

該書收於《大正藏》第四十七冊。記述阿彌陀經讀誦之法式，係經文參雜讚文之懺悔供養形式。多爲淨土宗法事時所用。上卷揭舉〈奉請偈〉、〈啓白〉、〈召請〉、〈三禮〉、〈表白〉、〈讚文〉等，其次明示〈行道讚梵偈〉、〈讚文〉、〈七周行道〉、〈披心懺悔〉，乃至〈發願〉等行事之次第；下卷分《阿彌陀經》全文爲十七段，各段均有〈讚文〉，並記述〈十惡懺悔〉、〈後讚〉、〈七周行道〉、〈歎佛咒願〉、〈七敬禮〉及〈隨意〉等軌式。本書係依準於「般舟三昧」之法而明示轉經行道之儀則，書中援引《賢愚經》、《舊華嚴經》、《觀佛三昧經》、《地獄經》等所敘述之地獄相，以激發行者厭穢之情；又以對《阿彌陀經》之轉讀讚揚，來發啓行者欣淨之心。

2.《般舟三昧往生讚》一卷

全稱《依觀經等明般舟三昧行道往生讚》，又稱《般舟三昧往生讚》。收於《大正藏》第四十七冊。本書係依《觀無量壽經》、《彌陀經》、《無量壽經》、《般舟三昧經》等而作之淨土讚文，明示「般舟三昧」行道往生之法。分〈序文〉、〈正讚〉、〈結勸〉三科。〈序文〉以自勸勸他為往生淨土之正因，並廣讚淨土之種種莊嚴。〈正讚〉有七言偈讚三十七篇二百八十一行半，各上句附「願往生」，下句附「無量樂」等相唱和，廣讚歎極樂淨土之「依正二報莊嚴」及「三輩九品往生」等相。結勸之終偈：「行者等努力努力，勤而行之，常懷慚愧，仰謝佛恩，應知。」於偈中，屢屢揭示報釋迦、彌陀之慈恩，此即本書述作之意。

3.《往生禮讚偈》一卷

全稱《勸一切眾生願生西方極樂世界阿彌陀佛國六時禮讚偈》，又作《六時禮讚偈》、《往生禮讚》、《禮讚》。收於《大正藏》第四十七冊。以龍樹、世親之禮讚偈為基礎而訂「六時禮讚法」，印於日沒、初夜、中夜、後夜、晨朝、日中等六時，行不同之禮讚。如於中夜，誦龍樹之十二禮偈，行十六拜；於後夜，誦世親之

《往生論》偈，行二十一拜。此爲念佛行人之修法。

從以上資料可知，善導大師所製作的各種儀軌，雖然觀念上仍然承襲天台宗傳統的修行觀念，但卻有明顯的民間化風格。例如〈散華樂文〉註明出自《大般若經散華品》，曲詞如下：

散花樂散花樂　奉請釋迦如來入道場　散花樂
散花樂散花樂　奉請十方如來入道場　散花樂
散花樂散花樂　奉請彌陀如來入道場　散花樂
散花樂散花樂　奉請觀音勢至諸大菩薩入道場　散花樂
道場莊嚴清淨　散花樂　天上人間無比量　散花樂

從上文可以看出，原來是用來禮佛的儀文，可是加上了「散花樂散花樂」的和聲及「來入道場　散花樂」之後，整曲變得十分清新活潑，且有歡樂的氣氛。眞正能夠深入民情風俗。在《淨土樂讚》部分也有類似「散花樂」的做法，原文太長，僅爲略取，餘者大致相同：

淨土樂　淨土樂　淨土不思議　淨土樂
彌陀住在寶城樓　淨土樂　傾心念念向西求　淨土樂
到彼三明八解脫　淨土樂　長辭五濁更何憂　淨土樂
淨土樂　淨土樂　淨土不思議　淨土樂
寶樓寶閣寶金聲　淨土樂　池水金沙映底清　淨土樂
法曲時時常供養　淨土樂　蓮華會裡說無生　淨土樂

這種活潑風格的梵唄，散見於其他二部儀軌之中。善導大師的唄辭呈現出一種非常親切的形象，他藉此向民眾宣示：佛教並不是那樣深，那樣遠的宗教，也不是傳統梵唄的哀婉風格，透露出陣陣哀傷的氣息，而是非常快樂，非常高興的一種信仰。善導大師的這種親民、大膽而活潑的作風，使得淨土宗在唐朝能夠佔有一席之地。筆者以爲，從梵唄風格當中可以體會到善導大師過人的智慧，這是很好的研究課題。

## 影響後代深遠的《百丈清規》

前述提到，《國清百錄》總結六朝以來梵唄的發展，其基本精神則是得自晉代釋道安大師所設立的「僧尼軌範佛法憲章」。而繼承《國清百錄》的，則是公元八世紀到九世紀的《百丈清規》，這是唐朝洪州（今江西南昌）百丈山懷海和尚所集編的。本來禪宗為「不立文字，直指人心，見性成佛」之教，應該是不執著於文字規制，重視實修的務實風範，但是隨著日漸的發展與成熟，禪宗在中國佛教形成壯大的潮流，禪寺日漸廣增，人數增多，懷海和尚有感於當時宗派林立，基於禪宗舊制的教理特色與行儀，恐怕對於行道有所不便。為了建立屬於禪宗的生活模式，別立禪居，折衷大小乘戒律之法，建立僧團的制度。

《百丈清規》對中國僧制的影響非常大。在元代甚至受到中央政府的支持，由皇帝頒布。到了明代更規定：

洪武十五年肆月貳拾伍日，節該奉太祖高皇帝聖旨榜例，諸山僧人不入清規者，以法繩之，欽此欽遵。永樂拾年伍月初三日，節奉太宗文皇帝聖旨榜例，僧人務要遵法舊制，名務祖風，謹守清規，嚴潔身心。永樂二十二年十一月二十七日，該僧司錄官奏，僧眾多中間有等不守規矩，無依清規整治，節該奉仁宗昭皇帝聖旨，照依清規料治他欽此。（《大正藏》第四八冊，頁一一〇九）

由此可知《百丈清規》對於後代影響之大。今《百丈清規》或有更動（大多以元代為主），仍可以看出禪宗風格的儀規。由於古本《百丈清規》大多散佚不全，版本難求，今天著名的版本乃為《大正新修大藏經》中的《敕修百丈清規》，為元代編集本，內容頗有元代以後的特色。

《敕修百丈清規》當中規定了很多的儀軌，包含〈祝釐〉（皇帝祝壽）、〈報恩〉（國忌與祈禱）、〈報本〉（佛誕與涅槃慶典）、〈遵祖〉（祖師紀念）、〈住持〉（每日用儀軌，屬於僧團事務的典禮）、〈兩序〉（寺廟管理事務）、〈大眾〉（屬於戒律方面事務）、〈節臘〉》（屬於節日的行事）、〈法器〉（屬於寺廟內作息用敲擊信號）等共有九章，可以說涵括全部僧團事務。要研究從中唐以來到當代佛教的梵唄及僧制，《百丈清規》是非常好的材料。

至於梵唄部分，由於《百丈清規》現行版本為元代集成，所收多為當時唄曲。

儀軌部分，除了向政府當局致敬的誦經以外，元代以前都有重視禪坐，而不重視儀軌的傾向。但是《清規》「祝釐章」，則制定了爲國家與皇帝誦經的相關法會。在法會中張貼「黃榜」，說明法會內容、儀軌與諷誦經典，因此從黃榜當中，我們可以看到當時的諷誦經典有：《大方廣佛華嚴經》、《大佛頂萬行首楞嚴經》、《大乘妙法蓮花經》、《大乘金光明經》、《大方廣圓覺修多羅了義經》、《大乘金剛般若波羅蜜經》、《大仁王護國經》等等。不過這張黃榜所張貼的課誦內容應非唐代，至少是宋以後，儘管如此，這可以說明，禪宗清規受到了六朝以來的佛教影響，基本上誦經的思想並沒有因爲不立文字而改變。

以上種種資料，提示一個事實：佛教梵唄必是經過一番流變取捨才有今日的面貌。前面所謂專宗梵唄，是指唐朝時期宗派色彩濃厚，各宗專行自己的修行方法，是以雖然皆祖述六朝，但是因爲義理的理解不同，修行內容也有所變化。儘管觀念上承續六朝以來的天台宗觀念，但是也各自充實開展出專宗的道次第，自然也有所謂的專宗梵唄。然而，佛教的發展一直是解行合一的方向，隋唐時期各宗派的教理雖然不同，但是同樣都主張禪坐，也主張誦經、懺悔，在修行形式的相近之下，可以看出日後融合路線的發展方向。宋元以後，中國佛教的發展越來越趨向融合，這與修行法門的類似應有頗深的淵源。

## 敦煌禮懺文與唐代梵唄

基本上，隋唐時期寺院內所用的儀規，大多數仍是延續六朝所成立的僧制。特別是晉代道安大師所設立的「僧尼軌範佛法憲章」，及天台宗智者大師制定，而成立於隋代的《國清百錄》。唐代在百丈禪師創制《百丈清規》以前，寺廟的規制基本上仍受《國清百錄》影響，多所援用，主要從事以誦經爲核心的各種法會，包括齋會、講經與懺悔，以及坐禪儀等等。

這種延續六朝寺廟規制的情形，即使到了唐代中後期也是更動不多，這可以從敦煌有關寺廟僧人修行活動看出。大陸學者郝春文，在《唐後期五代宋初敦煌僧尼的社會生活》文中指出，敦煌的僧團修行活動與唱念有關的有：

### （一）六時禮懺

現存敦煌文獻中保留了一大批禮懺文，這些禮懺文大都是當時行道的「六時禮懺」法本，中國文化大學文學博士汪娟對此曾經有所研究。根據俄羅斯聖彼得堡的俄羅斯聯邦科學院東方學研究所之聖彼得堡分所收藏的敦煌文獻弗魯格（Xπyk）編號：五五三四A號文書記載：

二十日夜禮佛見到僧：大和尚梁僧正　陳法律　張律　張法師　大吳律

小索律　白律　王律　梁律　大索律　郝律　藏律　願定　員集

惠心　教心　戒行　南山　大願德　富昌　滿奴　小願德　順德　荊殘奴

崔殘奴　住通　丑撻　永興　不藉奴　善友　奴子　願昌　殘兒　興順

願定　長千　丑奴　圓子丑定　惠員

這則記錄告訴我們，敦煌僧人即使到了唐代晚期依然執行夜間禮佛的儀式。在東晉道安大師曾制定的「僧尼軌範佛法憲章」當中就有「常日六時行道」，《國清百錄》則於「立制法」當中第三條規定六時禮佛的行儀，從編號：五五三四A號文書當中我們看出，敦煌僧眾依然遵循這些規制進行禮懺活動。雖然郝春文指出，敦煌僧人禮懺有從六時改成三時的現象，禮懺仍是敦煌僧人每日必備的修行活動。從敦煌出土的資料當中，我們還可以見到伴隨這些活動的還有一批禮懺文。這些禮懺文即是唐代梵唄的重要資料。

（二）課誦

除了延續以誦經為修行法門的傳統以外，值得注意的是，唐朝以誦經作為考試的「試經」。聖彼得堡分所收藏的敦煌文獻編號：一〇六一號文書記載：

壬戌年十一月十日不赴試經僧：大力　願安　大惠　福林　玄睿　戒道　智心　彌：理祥　理紹　理崇　保成　願系　願惠　願寂　願梁　願住　願紹　願端　願志　願宗　願思　願誠　願定　願崇

上件記僧二十四人為訊。

上述資料當中，我們可以發現，這是一件記載不參加「經試」的記錄。關於「經試」，這得由「僧官」說起，中國佛教在古代是有統轄掌管佛教界和僧尼的「僧官制」。根據中村元《中國佛教發展史》記載，最早起源於北魏太祖，在公元三九六年設置百官時，任命沙門法果為「道人統」，這是以國家的力量統制佛教。隋唐時代繼承此制，中央設立「鴻臚寺」，下置「崇玄署」（長官爲「令」一人，正八品以下，及「丞」一人正九品以下）掌理佛道事務。唯武周時代曾改隸尚書省祠部，迄玄宗時仍然恢復舊制。中唐以後，據日僧圓仁於長安所記載：唐朝有三種僧官：僧錄、僧正、監寺等；僧錄統轄天下諸寺，僧正統轄一都督諸寺，監寺僅統領一寺。而寺廟內有所謂「三綱」：即上座、寺主與維那，是寺廟內統領大眾的重要人物。唐代亦因此立下律法，對僧人行爲有所規定。

在這種國家法令規制下的僧制，不僅出家得度都有法令規定，就連寺廟活動亦有法令規定。「試經」便是其一。唐代僧人如能通過「試經度僧」的考試制度即可成爲免傜役的僧人。此制度首創於唐高宗六五八年，高宗在這一年遴選大德五十人，銓試童子一百五十人的業行，使之得度，玄奘當時被任命爲考試委員之一。中宗時則詔令天下，成爲常制。這類的考試便是以誦經爲主，非常嚴格，內容多達五百至七百頁，不合格的多敕令還俗。代宗以後又增加爲「經、律、論」三科策試。《唐會要》卷四十九有這樣的記錄：

（開元）十二年六月二十六日，敕有司試天下僧尼年六十已下者，限誦二百紙，每一年限誦七十三紙，三年一試，落者還俗，不得以坐禪對策義試，諸寺三綱統，宜入大寺院。

據此我們了解唐代因有國家法令上的規定，誦經風氣鼎盛，各寺廟並有配合誦經考試的進度表。巴黎國立圖書館收藏敦煌文獻，伯希和編號：三〇九二背面所存內容就有一則誦經進度的報告：

（前缺）

定志：《金剛經》十月廿九日誦至「□□□□聽」，十一月一日誦至「即非菩薩」。

惠深：《觀音經》十月廿九日誦至「稱觀世音」，十一月一日誦至「大自在天」。

願盈：《百法論》十月廿九日誦至「是汝小乘」。

願清：《百法論》十月廿九日誦至「如我之空」，十一月一日誦至「弘法利□」。

願濟：《觀音經》

法緣：《大悲經第一》

願教：《父母恩重難報經》

會德：《菩薩戒》十月廿九日誦至「如法修行」。

保住：《觀音經》十月廿九日誦至「以何因緣」，十一月一日誦至「即得解脫」。

戒定：《善惡因緣經》十月廿九日誦至「胞□□□□」。

（筆者按：原件有二十行，以下還有，但省略）

從前面兩點的討論，我們可以看出，隋唐時期依循六朝遺制，僧團主要的修持活動與唱念即是禮懺與誦經。

（二）從敦煌禮懺看當時的梵唄

前面提到，敦煌資料當中有一批禮懺文，根據汪娟在《敦煌禮懺文研究》指出：敦煌的禮懺文來源主要取材佛經，其次是僧人自行製作。取材佛經製作懺儀包括：法身禮（取自《入佛境界經》）、十二光禮（佛名出自《無量壽經》）、七階禮（次第從《觀藥王藥上二菩薩經》）、金剛五禮（據由《金剛經》），上升禮與禮讚地藏菩薩懺悔發願法的禮讚偈，分別取自《彌勒上下生經》及《地藏十輪經》的內容所編成的。而部分敦煌懺儀當中各項儀節的讚偈，包含「請佛」、「歎佛」、「五悔」、「梵唄文」、「六時誦偈」、「無常偈」等等，都有取材自佛經。

關於敦煌禮懺文的資料，筆者就王書慶所編的《敦煌佛學·佛事篇》（甘肅民族出版社）一書所列示的二十三篇禮懺文，依照結構可以大略分成兩大類，一類是簡單型，如「乃　七四　No八三七一」的〈無相禮〉，及「生　二五　No八三四七」當中的〈觀音禮文〉。前者僅有禮拜佛號的禮文，後者則僅有詩偈。另一類則是儀式型，含有儀節，如「S二五七四」之〈信行禪師禮懺文〉當中有比較複雜的儀軌。這一小節主要是根據「儀式型」三篇，就其中依照順序將儀文中的梵唄加以整理：

《信行禪師禮懺文》梵唄（S二五七四）

……（首殘）

佛號：南無寶積如來二十五佛等一切諸佛（筆者按：共有二十五佛號，以此爲代表）

懺悔文：（中略）

迴向詩偈：眾罪皆懺悔，諸福盡隨喜，及請佛功德，願成無上智，去來現在佛，于眾生最勝，無量功德海，歸依合掌禮。

讚佛：如來妙色身，世間無與等，無比不思議，是故今敬禮。

如來色無盡，智慧亦復然，一切法常住，是故我歸依。

降伏心過惡，及與身四種，已到難伏地，是故禮法王，

知一切爾炎，智慧身自在，攝持依切法，是故今敬禮，

敬禮過稱量，敬禮無辟類，敬禮無邊法，敬禮難思議，

哀憫覆護我，令法種增長，此事及後生，願佛常攝受，

南無摩訶般若波羅蜜，是大神咒，無上明咒，無等等咒。

咒語：（中略）

梵唄文：處世間，如虛空，如蓮花，不著水。

心清淨，超于彼，稽首禮，無上尊。

偈誦文：願以此功德，普及於一切，我等與眾生，皆共成佛道。

一切恭敬：自歸依佛，當願眾生，體解大道，發無上意。

自歸依法，當願眾生，深入經藏，智慧如海。

自歸依僧，當願眾生，統理大眾，一切無礙。

願諸眾生，諸惡莫作，諸善奉行，自淨其意，是諸佛教，和南一切賢聖。

無常偈文：諸行無常，是生滅法，生滅滅已，寂滅爲樂。

《往生禮讚文》一卷，善導大師作

一切恭敬，敬禮常住三寶供養：

願此香花雲，遍滿十方界，供養一切佛，化佛並菩薩，菩薩聲聞眾，受此香花雲，以起光明臺，過於無邊界，無邊受用作佛事。

作梵：如來妙色身，世間無與等，無比不思議，是故今敬禮，敬禮常住三寶。

懺悔文：（中略）

發願偈：禮懺諸功德，願臨命終時，見無量壽佛，無邊功德身，我及餘信者，
既見彼佛已，願得離垢眼，往生安樂國，成無上菩提。

一切恭敬：歸佛，得菩提道，心恆不退；
歸法，薩波若得，大總持門；
歸僧，息淨輪論，同入和合大海；
回願往生，無量壽國，願諸眾生，三業清淨，奉持佛教；和南一切
賢聖，回願往生無量壽國。

眾等聽說無常偈：人間匆匆營眾務，不覺年命日夜去；
如燈風中滅難期，茫茫六道無定趣；
未得解脫出苦海，云何安然不驚懼；
各聞強健有力時，自營自勵求常住。

末了發願文：（中略）

《黃昏禮懺》（S〇二一三六）僧惠，寫於辛乙年十月二日

一切恭敬：（中略）

如法供養：願此香花雲，遍滿十方界，供養一切佛，化佛並菩薩，菩薩聲聞眾，受此香花雲，以爲光明臺，光以無邊界，無邊無量作佛事。

供養與恭敬，一切普誦：摩訶般若波羅蜜

如來妙色身，世間無以等，無比不思議，是故今敬禮，如來色無盡，智慧亦復然，一切法常住，是故我歸依，敬禮常住三寶。

歎佛功德：（中略）

至心發願：願我生生值諸佛，世世恆聞解脱音，弘誓平等渡眾生，畢竟速成無上道。

摩訶般若波羅蜜

處世界，如虛空，如蓮花，不著水，心清淨，超于波，稽首禮，無上尊。

説偈發願：願以此功德，普及于一切，我等與眾生，皆共成佛道。

一切恭敬：自皈依佛，當願眾生，聽學大道，發無上意；自皈依法，當願眾生，深入經藏，智惠如海；

自皈依僧，當願眾生，統利大眾，一切無礙；

願諸眾生，諸惡莫作，諸善奉行，自淨其意，是諸佛教；和南一切賢聖。

無常偈文：西方日已暮，塵勞猶未除，老病死時至，相看不久居，念念催年促，猶如少水魚，勸諸行道眾，勤學至無餘。

各說無常偈：諸行無常，是生滅法，生滅滅已，寂滅爲樂。如來證涅槃，永斷於生死，若能至心聽，常受無量樂。

白：眾等聽說初夜無常偈：

煩惱深無底，生死海無邊，度苦船未至，云何樂無眠，當覺勿令睡，勇猛勤精進，菩提道自然。

白：眾等聽說中夜無常偈：

汝等勿抱醜屍臥，種種不淨假名身，如得重病箭入體，種苦痛集安可眠。

白：眾等聽說後夜無常偈：

時光遷流轉，忽至五更初，無常念念至，恆與生死居。

白：眾等聽說午時無常偈：

來，其內容之詳實，恐怕中外未能出其右。因之，這是研究唐代佛教法會及梵唄曲目的重要參考資料。

日本天台宗的聲明（以下皆以此稱日本天台宗使用的梵唄）的傳入雖早於開創祖師最澄，然而奠基者卻是最澄大師的重要弟子，受封爲「慈覺大師」的釋圓仁。圓仁大師的成就不僅在日本天台宗教義上有新的開創，最稱著的是他引進唐代中國梵唄，形成日本天台宗的聲明基盤。其著作《入唐巡禮求法行記》被喻爲「東方三大遊記」之一，珍貴之處在於詳實地記錄了唐武宗會昌滅佛的經過。該部分正好爲我國佛教史上最重要、最具規模的「會昌法難」做了補遺。此外，該書並對當時部分寺院法事的儀規做了記錄，包括所使用的梵唄聲曲。

圓仁傳記中的梵唄，大部分在日本都傳承了下來，那就是著名的魚山聲明。迄今日本天台宗與眞言宗都有魚山聲明，其他各宗也都以此魚山聲明爲範本，發展他們各自的聲明。其中最著名者要屬天台宗的魚山聲明。這些聲明都很清楚的記載其傳承由來，主要就是來自圓仁的《入唐巡禮求法行記》。在此，筆者以《入唐巡禮求法行記》內容爲主，進行歸納、剖析，以了解圓仁所看見的當時中國佛教梵唄。

本書引用的《入唐巡禮求法行記》，是根據中國大陸河北省石家莊的花山文藝出版社在一九九二年九月一刷出版的《入唐求法巡禮行記校註》，由白化文、李鼎霞、許德楠聯合校註，周一良審閱的版本。該本是以日本研究圓仁的權威，小野勝年的日文譯註本爲底本。小野勝年，生於一九〇五年，文學博士，日本龍谷大學教授，東方學會會員，是中國古代文化史及古代日中關係史的學者。他的《入唐求法巡禮行記的研究》是該研究領域內最受推崇的經典之作。

在《入唐巡禮求法行記》當中，圓仁對於所見到的中國佛教儀式，茲將其要者歸納，其中就其要者兩篇舉出來探討。

1.文宗開成三年（十一月）揚州開元寺

圓仁看到了「天台大師忌日」所設的齋：

二十四日，堂頭設齋，衆僧六十有餘，幻群法師作齋歎文、食儀式。衆僧共入堂裡，次第列坐。有人行水。施主僧等於堂前立。衆僧之中有一僧打鎚，更有一僧作梵，梵頌云：「云何於此經，究竟到彼岸。願佛開微密，廣爲衆生說。」音韻絕妙。作梵之間，有人分經。梵音之後，衆共念經，各二枚許。即打槌，轉經畢，次有一僧唱「敬禮常住三寶」，衆僧皆下床而立，即先梵音師作梵，「如來色無盡」

等一行文也。作梵之間，綱維令請益僧入裡行香，盡眾僧數矣。行香儀式與本國一般。其作齋晉人之法師先眾起立，到佛左邊，向南而立。行香畢，先歎佛，與本國咒願初歎佛之文不殊矣。歎佛之後，即披檀越先請設齋狀，次讀齋歎之文，讀齋文了，唱念「釋迦牟尼佛」。大眾同音稱佛名畢，次即唱禮，與本國道爲天龍八部諸善神王等頌一般。乍立唱禮，俱登床坐也。

圓仁在揚州見到的「天台大師忌日」，透露了幾個重要的訊息。首先，他所敘述的是一個紀念智者大師的「齋會」，這類的齋會，通常都有儀式。圓仁一開始提到一首「云何於此經，究竟到彼岸。願佛開微密，廣爲眾生說。」的梵曲，在《魚山聲明集》內稱之爲〈云何梵〉，是一條日本法會中常用的梵唄，但是在現行中國佛教已經失傳。其次，他提到了一首梵曲：「如來色無盡……」，這首梵曲也在《魚山聲明集》內存有，稱之爲〈如來唄〉，目前日本天台宗仍然還在使用。

值得注意的是，在圓仁到揚州時，日本已經有了和圓仁所見的中國佛教相同的梵唄。這些梵唄很多日本到今天還在使用，諸如〈云何梵〉與〈如來唄〉等。小野勝年在此處有註解指出，日本現行比叡山的「齋食儀」順序是這樣的：

入堂—咒願—唱念三寶—誦經—展鉢偈—受食偈—供養偈—五觀—出生偈—正食偈—誓願—食事—食訖偈

這個順序告訴了我們，比叡山所使用的「齋食儀」與圓仁所描述看到的「天台大師忌日」沒有太大的差別。在此亦徵驗了筆者之前所說的，想要研究唐代佛教儀式，可參考日本現行佛教保存儀式的理論。

2.文宗開成四年（十一月）赤山院講經儀式

這段是《入唐求法巡禮記》中最有名的法會記錄，此時，圓仁來到山東省文登縣赤山法華院，記錄了一個完全不同的法會：新羅風格的「赤山院講經儀式」。

辰時，打講經鐘，打驚眾鐘訖。良久之會，大眾上堂，方定眾鐘。講師上堂，登高床間，大眾同音稱歎佛名，音曲一依新羅，不似唐音。講師登座訖，稱佛名便停。時有下座一僧作梵，一據唐風，即「云何於此經」一行偈矣。至「願佛開微密」句，大眾同音唱云：「戒香、定香、解脱香」等頌。梵唄訖，講師唱經題目，便開題，分別三門，釋題目訖。維那師出來於高座前，讀申會申之由，及施主別名、所施物色申訖，便以其狀轉與講師。講師把麈尾，一一申舉施主名，獨自誓願。誓願訖，論義者論端舉問，舉問之間，講師舉麈尾，聞問者語。舉問了，便傾麈尾，即還舉之，謝問便答。帖問帖答，與本國同。但難儀式稍別。……講訖，大眾同長音讚嘆，歎語中有「迴向」詞。……

原文頗長，此處但引重點。圓仁在此記載的是一個講經的儀式，由於赤山法華院屬於新羅天台宗的寺院，有史料提到：這個寺院常常在夏天講《金光明經》，而冬天誦《法華經》。圓仁此次在冬天正好趕上了赤山法華院冬季講經期間。這段記錄裡，除了梵唄儀規的描寫外，也特別就講經・問難・答辯的情況作一番詳細的描述，躍然於紙上，十分生動。此外他還記載了「新羅一日講儀式」：

辰時，打鐘，長打槌了。講師都講二人入堂。大眾先入列座，講師、讀師入堂之會，大眾同音稱嘆佛名長引。其講師登北座，都講登南座了，讚佛便止。時有下座一僧作梵，「云何於此經」一長偈也。作梵了南座唱經題目，所謂唱經長引，音有屈曲，唱經之會，大眾三遍《散華》，每散華時各有所頌。唱經了，更短音唱題目，講師開經目。……

上面兩段記錄講經的儀式，在圓仁看來，儘管赤山法華院使用新羅語，然則儀式與中國、日本並無太大出入，唱腔也有相似之處。此處圓仁一再提到「云何於此經」這首唄曲，足見這首〈云何梵〉在當時的中國是非常受歡迎與重視的。至今台灣流行的《金剛般若波羅密多經》課誦本前面也將〈云何梵〉列入，但少見法會使用。但在現行日本天台宗聲明中，〈云何梵〉是很常見的，且〈云何梵〉有不少十六拍以上的長音歌詞。

另外，圓仁提到「大眾三遍〈散花〉」中的散花，見於《魚山聲明集》，在現行日本天台宗梵唄亦扮演重要角色。〈散花〉的風格十分莊嚴，是用來大眾供養佛祖、歌頌佛祖的梵曲。

這裡有一個問題：爲什麼山東省會有新羅人的活動呢？這是因爲唐時來山東居住或從事各項活動的新羅人非常多，不僅空前未有，也爲後世所無。他們來山東以後，常被雇用，或經商，有的則從事佛教活動。新羅人從事的佛教活動，是以赤山法華院爲中心。該寺爲新羅清海鎮將領張寶高所建。寺中有三十餘位僧人，皆爲新羅人。圓仁來寺期間，正好遇上一年一度的「法華會」，這個時候，信徒們紛紛前來聚會，白天聽經，晚上聚集拜懺。在法華會結束的時候，前來聚會的人先行「結願」，再授菩薩戒，然後散去。

然則，圓仁所提到的梵唄，不論是日本或新羅，事實上全都是從中國傳過去的。不論是在揚州的「智者大師紀念會」，還是赤山法華院「新羅一日式」，主要使用的梵唄仍是屬於中國佛教的。然而，特別的是，這些圓仁記錄下來的梵唄，在中國幾乎都絕跡了，這是一個很值得深思的問題。

從以上敘述看來，圓仁入唐求法所接觸到的中國梵唄，雖然都已經在中國絕跡了，可是卻迄今仍存活於日本等國。其實，梵唄史的研究課題，並非在於尙古非今，亦非矢志回復本來的面貌。筆者以爲，梵唄的研究，乃在於追蹤佛教梵曲的流變，並企圖歸納出、整理出佛教梵曲的創制原則。事實上，當前不少佛教使用的梵曲已經走向「小曲化」，或「地方戲曲化」，此固然反應了佛教走向大眾化、平民化的努力，但是否應該爲了傳教而減損佛曲原有的莊嚴風貌，是一個值得深思的問題。

日本的佛教聲明，可謂佛門中的奇蹟。經過了那樣多年，日本佛教依然保有原先的風貌，不稍加更飾，使得後人能夠看到當年我國唐風的梵曲。儘管，日本梵唄亦曾經有過些許的「和化」，而非百分之百的唐代原貌，然就提供佛教梵唄美學而言，絲毫不減損其應具備的價值。圓仁大師距今已踰千年有餘，然而他對唐代佛教忠實的記載，使得後代中華子孫可以依循著他的記錄，去了解當時佛教梵唄的風貌。這對圓仁而言，應該是意想不到的貢獻吧！

## 五、五代到明清時期的佛教梵唄詞曲牌體

中國佛教梵唄史上曾經兩度發生重大的流變，首先是中國佛教改變印度佛教傳統的修行法門，以梵唱取代了禪坐傳統及主流地位，並自創中國佛教的儀軌，成爲佛教中國化一大標誌。另一個重要的流變是，五代以後中國本土的曲調取代了隋唐時期流行的梵唄。特別要說明的是，這是一個徹底的改變：中國佛教僧人創作的梵唄在法會上取得主要地位，這和隋唐以前梵唄大多取自經典詩偈的情況有所不同。如此重大的變化，其中關涉十分複雜，並且和今天的佛教梵唄風貌發展有關。礙於

學力，筆者僅能簡筆淺談其中重要梗概。

今天在台灣的法會儀式，開始幾乎都是〈爐香讚〉、〈楊枝淨水〉等六句讚。仔細研究這些六句讚，不難發現它們的句式相同，韻腳也相同，甚至於平仄都很相近。顯見這是一種從宋代以來流行的詞曲牌格式的文體。事實上，到目前爲止，〈爐香讚〉最早也僅能推溯至明代朱權所作，收錄元代散曲《太和正音譜》當中的曲牌〈華嚴讚〉，但無法斷定它就是起源於元代，故暫且稱之爲詞曲牌體。詞牌是唐宋時期曾經流行過的音樂型態，曲牌則是元明兩代的流行音樂，而我們從目前佛教法會儀式來看，詞曲牌體梵唄已是普遍被使用了。

我們來看兩首在法會儀式開始的梵唄曲目，一首是唐朝以前法會常見的梵唄曲，今天的拜懺（特別是「大悲懺」）懺儀當中都還是看得到：

願此香花雲　遍滿十方界　一一諸佛土　無量香莊嚴　具足菩薩道　成就如來香

另外一首是今天我們常常聽到的：

爐香乍熱　法界蒙薰　諸佛海會悉遙聞　隨處結祥雲　誠意方殷　諸佛現全身

以上兩首梵唄的句法明顯不同，前者是整齊的句式，後者是長短句。提示了一個很重要的問題：爲什麼傳統的五言、七言詩偈體佛教梵唄，幾乎全部被詞曲牌體梵唄所取代？筆者以爲有三個主要的原因：

1. 事屬當機，不無其美

首先我們來探討：爲什麼佛教梵唄會採用詞曲牌體。事實上，這和宋朝文學「詞」的盛行有密切關係。南宋吳曾《能改齋漫錄．卷二》當中提到：

京師僧念《梁州》、《八相太常引》、《三皈依》、《柳含煙》等如唐贊，而南方釋子作《漁父》、《撥棹子》、《漁家傲》、《千秋歲》，唱道之辭，蓋本毗奈耶云。

從吳曾所述，可以知道在北宋時期，南北方的僧人各採不同的詞牌來作梵唄聲曲，顯示梵唄風格在宋代發生了「南北分途」的現象。事實上，早期西來翻譯經典的胡僧就已經有南北分途的現象了。《宋高僧傳》稱：「北則竺蘭始直聲而宣剖，南惟僧會揚曲韻以諷通。」顯示當時南北方因爲師傳的不同，其梵唄風格亦有所不同。到了唐代，這種現象更是顯著，南山律家道宣法師在《續高僧傳・卷三十》說：

東川諸梵，聲唱尤多。其中高者，則新聲助哀般遮掘勢之類也。地分鄭魏，聲亦參差。然其大途不爽常習。江表關中巨細天隔，豈非吳越志揚俗好浮綺，致使音誦所尚，惟以纖婉爲工。秦壤雍梁音詞雄遠，至於歌詠所被，皆用深高爲勝。然則處事難常，未可相奪，若都集道俗，或傾郭大齋，行香長梵，則秦聲爲得。五眾常禮，七貴恆興，開發經講，則吳音抑在其次。豈不以清夜良辰，昏漠相阻，故以清聲雅調，駭發沉情。京輔常傳，則有大小兩梵，金陵昔弄，亦傳長短兩引，事屬當機，不無其美。劍南隴右，其風體秦，雖或盈虧，不足論評。故知神州一境，聲類既各不同。

從前文可以看出，道宣律師所處的初唐時代，至少在京師長安梵唄聲情就已經南北有別了。類似「傾郭大齋」這種全城性的大型法會，往往是「秦聲為得」。這是因為「秦壤雍梁，音詞雄遠」的緣故；而在「五眾常禮」，或是「開發經講」這樣性質的法會，則經常是使用「吳音」，這是因為吳音「音誦所尚，惟以纖婉為工」，因此「清聲雅調」用來「駭發沉情」。由此可知，唐朝時代的梵唄之所以南北分途，乃是作用有別。道宣律師在前文中說明了當時在長安也好、金陵也好，梵唄都各有兩種，即北方的「大小兩梵」與南方的「長短兩引」。道宣律師認為，梵唄之所以有聲情的不同，乃是因為「事屬當機，不無其美」。事實上，日本現存天台宗聲明《魚山聲明集》所收錄的梵唄聲曲當中即註有漢音和吳音，或許這與當時長安城內流行的梵唄情勢不無關係。

從道宣律師的說法可以察覺，梵唄聲曲在唐朝已經有「地方曲化」的現象。儘管在當時只要討論梵唄，莫不以魚山梵唄作為標準，然而梵唄的流傳亦反映了地方語言及音樂風格的特色，這與當地的風俗習慣有關。但另一個值得注意的是，道宣律師提到：「事屬當機，不無其美」。既然是為了啓發前來聽法的眾生根器，使用具地方色彩的梵唄是有其必要，以致有吳曾描述的詞牌體，及後來產生的曲牌體。

2.唱導對梵唄的影響

其次，我再來看六朝時代流行的「唱導」風氣。唱導又稱「宣唱」、「唱說」，這個制度是從東晉時代的廬山慧遠大師開始的，將之獨立爲講經的項目。它主要的內容是「廣明三世因果，卻辯一齋大意」，是二種講究音樂性的民間說唱方式。就此來看，唱導可算是佛曲的一種，但是嚴格說起來，並非正式的課誦，算不上是梵唄的一種。然而唱導的主要對象是民眾，它的表現方式活潑、通俗，吸引了很多文人和百姓前往寺廟聽經，並成爲寺廟重要的活動項目。《續高僧傳》與《高僧傳》同樣記載了以「經聲」聞名的高僧，所不同的是《高僧傳》的〈經師篇〉是以誦經的經聲聞名，與〈唱導篇〉是分開的，到了《續高僧傳》的「雜科聲德」唱導的紀錄增加許多。同時我們從敦煌文物中發現大量的「變文」，更可以察覺這種通俗的唱導在當時流行的盛況。而唱導既然對象是民眾，吸收民間樂曲是理所當然的事情。所以前述吳曾就提到南方釋子使用的那些詞牌，基本上就是唱道之辭，儘管它們是本自「毗奈耶」，這顯示了佛教吸收民間樂曲成爲佛曲的現象。其實一種繼承唐代俗講，在宋代以後盛行的講唱文學「寶卷」，就是吸收民間小曲成爲講唱內容的例證。具體情形，我們可以從《金瓶梅》七十四回「吳月娘聽宣王氏卷」當中記載的比丘尼在民間講唱寶卷的情形看出，其所唱的除了偈、誦和講以外，還有一些曲牌如〈一封書〉、〈楚江秋〉、〈山坡羊〉和〈皀羅袍〉等當時的民間曲牌。

其實，宋代以後一些著名的中國佛教儀軌，如中峰國師的「三時繫念」，甚至後來的「瑜伽施食儀」等，不難看出這些儀軌當中含有濃厚的唱導文學風格。特別是瑜伽施食儀當中安排了許多的詞曲牌曲子成爲儀軌梵唄當中的一部分。

3. 明代皇帝的詔書

事實上，自宋代流傳下來的寶卷，並非全部都有曲調。如宗鏡禪師的「銷釋眞空科儀」及普明禪師撰《香山寶卷》都是七言句的歌詞，尚未有曲調。到了元代中山人劉居士所傳的〈印山偈〉、〈觀音偈〉、〈菩提偈〉，當中開始有〈臨江仙〉的曲調。元代盛行南北曲，佛教徒的歌讚亦有採用南北曲調的現象。然而對佛教梵唄影響最大的要算是明成祖時代所下的詔書，除了頒布天下叢林悉以《百丈清規》爲準繩以外，永樂十五年（公元一八一四年）頒布御制《諸佛是尊如來菩薩尊者名稱歌曲》五十卷，通令天下佛教徒習唱。這當中大部分都是當時流行的南北曲牌，例如〈感天人〉採用曲牌〈小梁州〉，〈成就意〉的曲牌是〈好事近〉。儘管後來佛教道場未必遵照旨意，但皇命如此，對後代的佛教起了相當的影響。今天我們所誦的梵唄，就是明成祖時代所奠下的基礎。

現在一般通用的佛教梵唄，唱腔概以江蘇省常州天寧寺唱法為準，這是在明代就已經訂立的。而所用的南北曲牌，根據學者周叔迦考證，約有二百曲。最為通行的六句讚，其主要曲牌就是「華嚴讚」；香讚的〈戒定眞香〉用的曲牌是「掛金鎖」，〈心然五分〉用的曲牌是「花裡串豆」，〈戒定慧解脫香〉用的曲牌是「豆葉黃」，〈香供養〉用的曲牌是「一錠金」。而「十供養」有三種調：一是曲牌「望江南」（香供養）；二是曲牌「柳含煙」（虔誠獻香花）；三是曲牌「金學經」（戒香定香與慧香）。而〈三寶讚〉和〈十地讚〉的曲牌是「柳含煙」，〈西方讚〉的曲牌是「金磚落井」，〈開經偈〉的曲牌是「破荷葉」。另外「浪淘沙」和「寄生草」也是常用的曲牌。

此外，四川峨嵋、山西五台、陝西西安、福建福州、廣東潮汕等地也有不同的佛曲梵唄流傳下來。這些梵唄有的非常古老，據說有的是傳承唐宋燕樂。雖然無法一一窺探究竟，但企盼有緣人能夠一一引進，讓台灣的佛教梵唄研究能夠有所提昇。

值得一提的是，目前中國大陸對於佛教梵唄及佛教音樂的研究工作頗有成績。例如北京智化寺「京音樂」，五臺山佛教音樂，潮州佛樂；有的地方則進行民俗田野調查，如四川重慶對於當地使用民間佛教喪葬儀式調查；有的地方則是新發現了古代儀軌，如在《藏外佛教文獻》第六冊收錄雲南省「阿吒力教」法師所用的楞嚴經儀軌等等。這些都是研究佛教梵唄應該注意的新發展。

事實上宋元以後的佛教梵唄發展並沒有筆者所描述的這麼簡略，畢竟佛教梵唄的發展除了傳統印度式的唄經體系以外，還有中國佛教特有的唱導體系。中國在隋唐以前梵唄的主流爲傳統的唄經體系，而宋元以後幾乎佛教儀式大部分都以唐宋時期所發展出來的「唱導體系」爲主。爲何唱導體系可以成爲中國宋元以降佛教梵唄的主流？這是一個很複雜的問題，但最主要的還是如道宣律師所說的「事屬當機，不無其美」。佛教自宋代以後與民間的接觸面擴大了，僧人們以度化眾生爲職志，一面在寺廟定期舉辦講經說唱的宣教活動，另一方面則深入民間各地遊唱勸世，宣揚教義，並且運用民間曲調來宣講佛理，迄明代更有詔書要求全國通習詞曲牌體的梵唄。因此梵唄變成今日所見的風貌，其歷史淵源應該是一種自然演變的結果。但其主要的動力，還是在於僧人致力將佛教推向民間，讓更多的人們了解佛教的慈悲教義，這也是梵唄大量引進俗曲的初衷。然而，「俗化」卻也易於添增人們對佛教的誤解，「方便」則易於誤導人們認爲隨便。究竟佛教梵唄的風貌今後應當如何發展，是一個當前弘法重要的課題。但不論如何，千年來的佛教僧人的努力是大家有目共睹的，那就是：梵唄已經成爲媽媽們祈求平安福祉共同的聲音；中國已經成爲大乘佛教的國家，台灣也是佛教普及的地方；而大乘佛教亦已成爲中華文化不可分割的一部分。

梵唄史談

第四篇

# 佛教梵唄在台灣的研究現況

# 第四篇　佛教梵唄在台灣的研究現況

佛教自傳入中國以來，有關梵唄的教學與研究一直沒有停過。但是，中國近代一連串的戰亂，遍地烽火，在顛沛流離的時代裡，在大陸文革腥風血雨的颶吹之下，佛教文化幾乎淹淹一息，所幸台灣民間保有佛教文化存續發展的空間，而梵唄亦得以不輟。

大戰以後，渴求已久的和平到來。西方人士發現，現代的科技文明固然為人類生活帶來幸福，卻也造成了心靈的空虛。人們開始反省，在物質充裕之後，真正要做的建設，莫過於心靈重整。於是六〇年代，一股向東方學習的熱潮，在西方世界迅速崛起開展，東方文化受到世界各國的注目。佛教，就是東方文明裡最耀眼的那顆寶石。

## 一、台灣方面相關課題的研究

想要走進甚深的佛法之門，誦經念佛是廣為人知的方便之道，尤其是近二十年來，誦經和念佛在台灣社會十分風行，經常都有祈福消災的誦經法會。佛法的傳播，從個人的修行，擴及到對社會的關懷——建醫院、辦救濟、蓋學校，這一切都與淨土宗精神的發揚不無關係。淨土宗極力推薦「西方極樂世界」爲人們往生後的最佳去處，要去西方極樂世界，當然不能欠缺經書上所說的「福德因緣」——也就是多做好事、善事，然而最重要的，還是在於念佛與讀誦大乘經典，這也是實踐佛法的一條非常重要路徑。念佛、誦經的風氣，同時帶動了法會的蓬勃發展，使得佛教在台灣開創了前曾未有的新格局，而有關法會的研究，也受到佛教界及相關領域學界人士的關注。

目前台灣學術界以論述佛教梵唄與佛教音樂爲主的學位論文共有七篇，全爲碩士論文，以下分別介紹各篇論文的重要研究：

## （一）李純仁《中國佛教音樂之研究》

台灣第一篇有關佛教音樂論文的研究，是中國文化學院（中國文化大學的前身）藝術研究所李純仁所撰寫的《中國佛教音樂之研究》，由曉雲法師與鄧昌國教授指導，並由台北縣樹林鎮山佳吉祥寺之續祥法師，及台北縣新店市妙法寺戒德法師協助錄音。

這篇論文的研究成果具有極高價值，其體例與內容固爲首創，然使佛教梵唄及音樂得入學術之門，成爲學術研究的新領域，是主要的貢獻。繼起的學位論文幾乎都受到影響。這篇論文的重點如下：

1. 該文以淨土宗思想爲背景來闡述佛教思想的大意，並以此基礎討論佛教音樂與佛教思想的關連，這個見解是十分卓越的。

2. 建立佛教音樂的史略，此一部分對後面的研究工作者啓發良多，居功厥偉。他不僅發現了梵唄的流變，更發現到台灣佛教現行梵唄「疑係宋後之作」，對於首篇台灣佛教音樂論文來說是一項創見。

3. 對梵唄曲譜的分析，在該文第六章有關音階、旋律的討論，李純仁提出了「六音音階」論，以〈爐香讚〉爲例：

變宮（Si）之進行不像西洋音樂中具有導音作用，而進入主音宮（Do）……它大部分（也可以說一定）進入商音（Re）。……筆者稱它爲「六音音階」，但它的作用則與五音音階相同。……幾乎在每一首讚偈中均同樣的出現，除了在〈爐香讚〉音調性之關係而在不同的位置上。……此種變宮音之進行，除在上列之音型外，決不在他旋律中出現，故可視爲佛教曲中之一大特色。

李純仁在研究中發現了梵唄的旋律與中國文字所具有的「陰、陽、上、去」四聲的變化有所聯繫，並就此現象做了一番討論，引用譜例，繪製曲線，來說明四聲唱腔。

就李純仁的研究來說，由於那個時代佛教梵唄研究十分少見，資料的闕漏，所在難免，然而文中提出當前台灣佛教梵唄「疑係宋後所作」的見解與以「四聲」討論及分析佛教聲曲之處甚爲精彩。其就文學體裁察覺梵唄流變的現象，顯示眼光獨到。另就該文所示，李先生似乎沒有見到《大正新修大藏經》第八四冊之資料，不知道保存唐式風格梵唄體的日本聲明是以四聲、五音作主要的音聲描述方式，也沒有涉及到其他音韻學方面的學說，純以樂譜分析而發覺四聲與梵唄的關連，又根據樂譜，繪製了曲折線來作解說，做出這樣的研究成果，令人讚嘆不已。然而後起的研究者卻未能朝此方向努力，不無可惜。

## （二）林久慧《台灣佛教音樂——早晚課主要經典的音樂研究》

繼李純仁先生之後，以佛教音樂爲主題撰寫研究論文的研究生，是呂炳川教授所指導的國立師範大學音樂學研究所林久慧，主題是《台灣佛教音樂——早晚課主要經典的音樂研究》。

該研究是以田野調查的錄音與採譜分析，參考李純仁的研究，及當時教界流傳簡譜記錄的唱讚音樂，並訪問教界長老意見，以其共同的結果再做分析，可謂十分精到。這篇文章以佛教每日早晚課音樂爲主題，然未述及相關佛教的哲學、義理。該文所記錄的音樂，以台灣北區爲主，並受到華嚴專宗學院開智法師、臨濟護國禪寺的明復法師、新店妙法寺戒德法師、十方叢林書院的從智法師等教界人士協助。

這篇論文在早、晚課的研究上所下的功夫最力，可謂佛教個別儀軌與梵唄研究的開創者，對台灣的梵唄研究而言，有其卓越的貢獻。然而，由於專注於音樂記錄，而忽略了佛教義理層面應屬加強之處。蓋佛教梵唄並不是單純的讚歌而已，是有其教理依據的，如僅研究音樂表現，則不易深入佛教梵唄的核心，甚者還可能做出不妥的結論，如同該文的本論——第四章「早晚課音樂的比較」，這個主題恐怕是不妥當的。現行的早晚課，主要在於儀軌內容的不同，既然內容不同，使用的梵唄當然也有不同。因此這樣的研究，意義上其實並不重大，這顯示了該文在傳統音樂學研究方法指導之下，缺乏對佛門日常儀軌與佛教哲學理解而產生研究上的限制。其實，當時學界對此領域的研究，還屬於摸索的階段，林久慧的研究對於台灣的佛教音樂研究還是有實質的貢獻。

## (三) 高雅俐《從佛教音樂文化的轉變論佛教音樂在台灣的發展》

繼李純仁、林久慧之後，國立台灣師範大學音樂研究所高雅俐提出論文《從佛教音樂文化的轉變論佛教音樂在台灣的發展》，由許常惠、呂錘寬兩位教授指導。該文以田野調查作爲研究的背景，並加入訪談部分，發展出「台灣當代佛教音樂發展史」的研究。

從論文的內容來看，高雅俐的眼光十分突出。她以「佛教的傳播」爲主題，探討佛教在中國大陸及台灣地區之傳播情形，作爲說明佛教音樂在大陸發展沿革的基礎，並做了佛教音樂分類，論述台灣發展的佛教音樂文化，並歸納了當前台灣佛教音樂的性質與型態。另外她特別提到不同類型道場之音樂文化，也談到創作性佛教音樂之發展。她在大陸中國佛教流傳於台灣的研究，下了不少功夫，毫無疑問，是十分有時代性，並有創見的佛教音樂研究。高雅俐著力於當代台灣佛教梵唄的流傳與佛教音樂的演變情形，將佛教音樂的研究提升到了音樂史的研究層級，這個貢獻是非常值得肯定的。

然而在「佛教音樂文化的轉變」方面，卻忽略應有的佛教哲學及歷史發展的問題。如該文第六章所做的結論：

> 目前台灣地區所保存傳統佛教音樂，多偏於聲樂型態之梵唄，而無器樂型態之佛教音樂，究其原因，主要因台灣地區並無如大陸地區器樂型態佛教音樂之音樂環境，畢竟大陸各地民間戲曲對台灣民眾爲陌生的，且佛教音樂中常見之笙、簫、笛、管等樂器屬大陸北方音樂系統之樂器於台灣本地仍屬少見，由於對其原有音樂文化陌生，且無樂器及樂僧制度之情形下，傳統器樂型態之佛教音樂，於台灣並無保存或發展之條件，自然未能流傳下來。

觀其結論來由，顯然是受到了大陸北京智化寺「京音樂」及山西五台山的寺廟音樂等影響之下所做出的結論。高雅俐似乎沒有注意到佛教自來的「非樂」戒律傳統。我們知道從印度傳來的僧團傳統，梵唄主要是人聲的清唱。自來佛門只有「音聲佛事」講法，「音樂佛事」應非佛教原來傳統。儘管智化寺及五台山等各道場隨著在家信眾（特別是國王貴族與地方富紳）「伎樂供養三寶」（即如《妙法蓮華經》中〈方便品〉所說的「作樂供養」即屬此類）的傳統，發展出的讚佛音樂，嚴格說起來，並非佛制。讚佛音樂與佛門眞正用於修行的佛教梵唄還是有別。事實上，原本印度傳來的梵唄自來就是無器樂伴奏的，即如今日梵唄使用引磬、木魚等打擊樂器伴奏，亦非原來的傳統，是佛教梵唄本土化的成就。其功能「大抵取其聲音清亮、悠遠、沈穩、肅穆等特質而使用」，爲的是「帶引大眾節拍一致及增上專注和恭敬」，而非增加音樂效果。所以台灣梵唄傳承如此，應屬正常現象，並非有所偏頗。這就顯示一個問題：研究佛教音樂不能僅由音聲上的研究而已，而必須是科際整合，僅於音譜的研究是無法滿足與解決佛教音樂創作與發展上的問題。從這份研究當中，我們可以看出音樂學界研究佛教梵唄及音樂的迷思。

## （四）張杏月《台灣佛教法會——大悲懺的音樂研究》

繼林久慧的佛門專一儀軌的研究之後，是王正平教授指導的文化大學藝術研究所碩士張杏月所撰寫的《台灣佛教法會——大悲懺的音樂研究》。

相對於西洋宗教音樂對西洋音樂的影響深遠、並佔有極崇高的地位來看，佛教音樂雖有其莊嚴、動人之處，卻不受重視，而給人陌生、難懂的印象。有鑑於此，張杏月以佛教徒的身分，致力佛教音樂的研究，期望能使社會大眾對佛教音樂有更進一步的瞭解。這篇論文的內容主要是參考了林久慧的研究，也參酌了昭慧法師的《從非樂思想到音聲佛事》一文。之所以選擇「大悲懺」，據說是張杏月訪談過的法師當中，認為大悲懺是所有法會中，旋律最美、最感人的，也是當前流行最廣的懺法。

經由田野調查，這篇論文彰顯了不同道場的同一儀軌的唱腔比較，將大悲懺的樂曲結構、速度、節奏、音色、張力乃至音程，採用「風格分析法」（stylistic analysis），就樂曲的特色，以及就不同版本的單曲，作比較探討。要言之，張杏月致力將大悲懺音樂的風貌呈現出來，成為台灣首位專門研究大悲懺音樂的學者。

然而，這份研究所凸顯的問題，同樣也是佛學背景知識的薄弱。作者傾其心力專注於大悲懺的音樂描述，卻忽略了懺悔的思想與修行的角度，及佛門修持法門的演變地位。蓋因中國佛教對於懺悔法門研究最深入者，非天台宗莫屬。許多重要懺法的完成，包含大悲懺在內，都是出自於天台宗大師們之手。大悲懺是宋代天台四明知禮大師所製作，爲天台宗修行法門之一。因之研究大悲懺是不可以忽略了天台宗教學的發展情形，至少也要知道大悲懺在天台教觀體系下的位置與功能，以及流傳情形。張杏月忽略了這些相關佛教教理與佛教史知識，以致其研究僅於大悲懺的唱腔，對於大悲懺的整體研究而言，深入不足，不無可惜。然而這也不能給予責難，畢竟當時台灣研究佛教音樂的環境還是以音樂爲主的研究。

## (五) 林仁昱《唐代淨土讚歌之形式研究》

嚴格說起來，這也是一篇研究佛教梵唄與音樂的論文，但是卻非音樂研究所所出，而是國立中山大學中國文學研究所，徐信義教授指導林仁昱所撰寫的碩士論文《唐代淨土讚歌之形式研究》，他是第一位以文學角度來觀察佛教唄讚——淨土讚歌的研究者，這對佛教梵唄及佛教音樂研究的發展來說是一個突破，亦使得台灣此一領域的研究走上了嶄新的里程。

此篇論文最值得觀察的見解是，以文學史眼光來看唄讚發展，這對研究佛教梵唄及佛教音樂的方法而言是具有突破性的。在這篇論文裡，林仁昱所考察的是佛教讚歌的形式，這與樂曲形式是有關係的。蓋樂界研究的是「樂句」，與文人眼中的「文句」有其密切的關連，是以用文學眼光研究佛教音樂，是一條可取的路線，值得學者參考。林仁昱在論文中探索唐代淨土讚歌與講經文、俗曲歌謠、聲詩之相互關係，這一點也是進步的見解。他提醒我們應將佛教梵唄與音樂上的研究，上推唐朝時期的歷史考察，是對此領域的一項顯著貢獻。

文學研究者研究中國古典音樂史自有其獨到之處。由於中國古代的音樂家並不及文學家受到重視，音樂的演奏與創作，大多附屬於文人文化，而我國古代詩、詞、曲、戲劇大多屬於與音樂密切相關的文學，因此古代音樂文化的資料往往在文學史料當中可以看得見。林仁昱於此發揮了文學專業，再加上自身的音樂基礎與對梵唄的掌握，從論文第三章「音樂分析與儀式表現之探究」，不難得知林仁昱對於梵唄與儀式的理解是下過了深刻的功夫。

然而受限制的地方，是在於林仁昱以台灣當前的梵唄形式，直接推想唐代梵唄當時的展現形式，這個推論的效力事實上是不夠的。假如他能夠研究日本淨土眞宗聲明，對該文所提到的善導大師《淨土五會念佛略法事儀讚》就能夠有更深入的了解。在日本相關研究當中，要以淨土眞宗流派聲明的研究最爲盛行，日人岩田宗一教授、中西和夫先生、播磨照浩法師等人都是這方面的專家。林仁昱論文中曾提到部分相關的學者論文，卻沒有接觸到日本眞宗聲明的研究，僅以當前台灣梵唄的音樂形式作推測，實是美中不足，這是因爲台灣這方面的資訊還是不足。其實，日本淨土宗梵唄多數承自天台宗，一方面是因爲歷史因素，另一方面則因爲天台的淨土教理。是以大凡研究淨土聲明，歷史上也是溯及天台聲明，方能廓清源流。不過在台灣相關資料及資訊缺乏的情況之下，林仁昱有這樣的成就是値得讚譽的。他爲後來的佛教音樂研究者提供了一個新的思考方向。

### （六）邱宜玲《台灣北部釋教的儀式與音樂》

與佛教梵唄相關研究當中有一篇較特別的論文，研究的對象是「釋教」，這是台灣地方民俗特有的現象——一群趕赴經懺的在家人，卻從事近乎法師所從事的超薦亡靈的佛事，但這些人士卻不一定遵守佛門清規。國立台灣師範大學音樂研究所邱宜玲的碩士論文《台灣北部釋教的儀式與音樂》，以田野調查爲研究材料，內容甚爲可觀，是近年來難得一見的好作品。

由於釋教有別於正統佛教，原不擬討論，但邱宜玲的研究不可忽視，於學界有一定的貢獻。該文對台灣現行「釋壇」源流及活動概況、傳播方式，做了忠實的考證及記錄。這對於研究佛教梵唄本土化與民俗化，甚且是「異化」的歷史問題而言，確實是優良的參考資料。事實上，就梵唄史發展來說，民間佛教，及與佛教相關的民間宗教，如白蓮教，基本上是宋代以後，特別是明清以來的民間宗教發展。它們也使用與佛教相關的儀軌（有的稱之爲科儀），而民間喪葬業者也使用這樣的科儀。中國大陸近年來有不少學者正在研究各地流傳的民間喪葬禮儀，並致力於田野調查，例如雲南省新發現「阿吒利教」法師使用的儀軌，就是使用《楞嚴經》「解冤釋結」的超渡亡魂儀軌，這些調查對於梵唄史研究而言極據參考價值，是以邱宜玲的調查對於我國梵唄史研究而言，是有卓越的貢獻。

邱宜玲似乎並非佛教信徒，對佛教的源流也不十分清楚，這從文中未能區分釋教與佛教，而僅將調查訪問記錄整合撰寫的情況可以看出。然而問題就在於未將兩者釐清，實在非常可惜。蓋釋教雖本出於佛教，但並非等同於正統佛教，也並非另一支宗教，只是一個爲人操作宗教儀式的服務業，他們雖然使用佛教儀規爲人超度亡靈，卻不完全接受佛門教戒。邱宜玲未能細察這一點，不參酌明清以來佛教及地方宗教發展史，卻純就調查訪問所得的記錄立論，不做正本清源的工作，似乎有失嚴謹。不過這份論文及調查報告對於台灣梵唄史而言，仍是貢獻良多。目前民間佛教儀軌研究，在台灣而言並不算太多，邱宜玲是此一領域的先進。

## （七）范李彬《琴曲普庵咒之研究》

與前面五篇學術研究最大不同之處，范李彬不走研究傳統佛教梵唄的路線，而另闢蹊徑研究流傳於文人中的佛門樂曲——《普庵咒音樂之研究》，由呂錘寬、釋惠敏兩位教授指導，於國立藝術學院音樂研究所提出之碩士論文。

〈普庵咒〉相傳爲宋代禪宗臨濟法系第十三代傳人普庵禪師所創，在中國佛教史上，除禪宗六祖慧能禪師之語錄《六祖壇經》，被尊稱爲「經」，普庵禪師的〈普庵咒〉則是唯一由中國人自創的「咒」。兩者同樣帶給後代中國很大的影響，前者於哲學義理，後者則於佛門修行，被收入禪門日課誦當中。然而，修行用的咒語後來竟衍出琴曲〈普庵咒〉，及琵琶曲〈普庵咒〉，五台山有〈普庵咒〉樂曲，清代宮廷音樂也有〈普庵咒〉樂曲。范李彬不僅蒐集各種不同樂種的〈普庵咒〉來做跨樂種之研究，並對諸種〈普庵咒〉樂曲追溯源流，對〈普庵咒〉總體音樂文化的歷史演進及脈絡有一全面概觀性的研究。

范李彬這篇論文對於佛教音樂的研究開闢了一條新的方向：從佛教的「咒」處入手。蓋佛門之咒，乃是過去翻譯經典通例「五不翻」之一，咒語又稱「陀羅尼」，保存了梵文原音，是中國佛教文化裡保存的印度文化之一。由於咒語的修持念誦，主要目的是在於與佛菩薩相應。由於佛門咒語大多是佛菩薩所說，因此佛教徒相信，只要將發音直逼梵語，也就是如同印度來的梵音那樣的念誦，自然很容易與佛菩薩感應，所以譯經之初就將這些咒語以原音用漢字模擬的方式記錄，從此念誦梵音就成了「與佛菩薩感應」的重要途徑，迄今在中國佛教仍有深遠的影響力，很多咒語錄音帶的作者們都強調他們是純正的梵音。這帶給我們一個啓示，其實咒語的念誦方法，正可考察古代印度梵唄的流風。儘管〈普庵咒〉是中國祖師所說，范李彬研究〈普庵咒〉，以印度梵文作爲考察基礎，不失爲一個優秀方法，爲後來的研究者提供很好的示範。

此外，范李彬的研究揭示了佛教音樂深入民間，成爲各階層都喜歡的樂曲，這是佛教課誦本土化、民間化的指標。這點無論是對佛教音樂史或佛教梵唄史也好，甚且是對佛教史而言，都是有貢獻的。

然而范李彬受限於對佛教史的理解不足，未能深入主題背景。就以〈普庵咒〉而言，由於先前並無相關研究咒語的論文，因之，如能就考古人類學、或文化人類學角度來論咒語之意義，再就印度本有的吠陀傳統，論述其咒語結構與功能，並能研究其念誦方法，以此基礎，進入佛門咒語的歷史，來談〈普庵咒〉之所以成「咒」的因素，及其後來成爲樂曲的背景因素，應能有更得力的見解，做出更優質的貢獻來。不過，對於台灣佛教音樂發展來說，范李彬的研究確實是一座不可忽視的豐碑，亦爲後來的研究者指出一條新的路程。

## (八) 呂炳川教授《佛教音樂——梵唄——台灣梵唄與日本聲明之比較》

台灣第一位以音樂學獲得日本東京大學文學博士的呂炳川教授，是台灣民族音樂學的巨擘。呂教授對台灣佛教梵唄音樂學研究的貢獻，是把日本聲明介紹到台灣來。這篇論文《佛教音樂——梵唄——台灣梵唄與日本聲明之比較》並非學位論文，而是短篇論文。該文收錄於《呂炳川音樂論述集》當中，也收錄於「世界佛學名著譯叢」第九部，高楠順次郎等著《佛教藝術・音樂、戲劇、美術》，及節錄於《中華佛教百科全書》「梵唄」條下。

這篇論文將台灣梵唄與日本天台宗聲明以民族音樂學的角度去做介紹與比較，讓我們了解到中國佛教梵唄與日本聲明的差異。然而，美中不足的問題在於對佛教梵唄的背景知識了解不足，文中粗略將梵唄分成大陸南北兩系，又用「海潮音」與「鼓山音」分別作爲南北兩系的代表。殊不知我國佛教梵唄並無所謂南北兩系的分別，海潮音與鼓山音的差異亦僅在語言上，調式則因語言略有出入，所用儀軌、清規仍以《百丈清規》爲主，讚頌的曲目並無太大出入。然而，南北兩系之分界何在？若以長江爲主，浙江省尚有海潮音梵唄之道場，而在廣東省梵唄亦有「潮州佛樂」和「廣東派」念誦方式，並非完全使用鼓山音的閩南語唱念。呂教授提出的「南北兩系」的說法，牽強成份恐屬居多。

其次，呂教授對於日本聲明何故不用「梵唄」的原因並不了解，考日本佛教史料《元亨釋書》卷二十九〈音藝志〉於「聲明」條有如下解釋：

聲明者，印土之名，五明之一也。支那偏取曰梵唄。曹陳王啓端也。本朝遠取于竺立號焉。考古史，延曆二年，有正梵唄之詔，然古則有之，爲立家也。承和之初，弘法奏置聲明之度，……傳良忍，忍事已見感進傳，自居大原山，盛唱此業，以爲法事莊儀。……一日披唄策畫墨譜，忽策中放光明，自此世推忍之業焉。……因是大原之地成梵唄之場，方今天下言聲明者，皆祖于忍焉。

《元亨釋書》是日本記錄早期佛教發展的史書，從上面的記錄我們可以了解，日本梵唄稱「聲明」的緣故，就是因爲「本朝遠取于竺立號焉」，取自原來印度的名稱關係。而日本的聲明發達的原因固然和政府的鼓勵有關，承和年間（八三四至八四七）「奏置聲明之度」，但眞正的原因則是因爲大原（今京都府大原）的天台宗大師良忍上人的關係。他因爲專心此業，弘揚天台梵唄，一日忽有感應，梵唄書上放大光明，於是大原的名聲就響遍天下，天台聲明就在良忍上人的弘傳之下，一直流傳到今天，至今大原三千院還有立碑紀念良忍大師的功業。呂教授可能沒有接觸這方面資料，觀其文後所列參考書目，僅列民族音樂相關書籍。可見缺乏佛教史方面知識，對於梵唄的理解可能造成誤會。至於該文其他問題，昭慧法師已經在〈從非樂思想到音聲佛事〉一文中就呂炳川文中的觀點提出反駁。其中是提到呂先生

「雖是音樂學者，卻還不是佛教學者」一語最爲中肯。不過，從這篇文章看出，呂教授對於佛教音樂研究最大的貢獻是介紹「聲明」，迄今台灣佛教圖書介紹日本佛教聲明都是引用他的研究。此外更大的貢獻是指導研究生作佛教音樂的研究，無論如何，呂炳川教授對台灣佛教音樂的研究發展來說是勳業彪炳。

事實上，傳統音樂學提供研究音樂優良的方法，藉助「音組織」、「旋律型」、「節奏」、「表情」、「音域、發聲」的研究可以達到記錄音聲，確保該樂種樣貌，掌握其藝術原則，提供後世研治、創作之用。然而音樂學者在研究宗教音樂的同時，應對宗教相關知識有所了解。研究佛教音樂若是忽略了佛教史及其相關知識，往往會做出不合宜的結論。台灣佛教音樂研究，自民國五十九年以來，似乎只有李純仁在論述佛教音樂的同時，兼顧了佛教史及佛教精神的探討。其他研究者因未能兼治佛教發展史、哲學史及相關義理，以致無法深入佛教音樂核心。但以台灣音樂研究的環境而言，既乏專門的教授指導，也無開設相關佛學課程，在這種情形下他們還是努力將台灣佛教音樂的研究推上學術發展的里程，功勞實在不小。而民族音樂學者如呂炳川教授將不同的佛教音樂介紹給國人，居功厥偉，實不可沒。

回顧台灣佛教梵唄與音樂的研究歷史，自民國五十九年以來，迄今已有二十七年，對佛教音樂的研究除見於各校音樂學研究所外，佛教界也十分努力，先後成立了華梵、佛光與玄奘三所佛教大學，以及法鼓大學，企盼未來能成立佛教音樂學系及研究所，朝向民族音樂學兼重佛教史與相關學科的研究，使佛教界與社會大眾一同受益，畢竟，佛教音樂並非一開始就是爲音樂而音樂。

## 二、餘論——以法為師

筆者研究佛教梵唄史，立意不在於只是說明梵唄的歷史發展，而是更希望藉由這樣的歷史發展，佛教徒能獲得一些啓示。一如其他的宗教音樂，佛教梵唄雖然有其神聖性，然而中國佛教梵唄確實存在過流變的現象。雖然造成流變的原因，迄今尚未清楚，但是這個流變的歷史，在中國佛教發展長河中，是非常重要的一頁。

宋代以後的佛教梵唄呈現了民間化色彩，詞曲牌體成爲廟堂之上使用的聲曲，以〈爐香讚〉爲首的六句讚、八句讚等民間音樂，取代了像「法華三昧懺儀」中的「願此香華雲」等整齊的五、七言詩體。這是否和宋代以後佛教民間化發展的趨勢有關？現在並不十分清楚。特別是在南宋以後，佛教弘法的對象以大眾爲主，而不再像盛唐時期接受來自政府大量的贊助。這與佛教梵唄聲曲形式的改變，或許是有關的。但是佛教出現了以戲曲板眼敲打的唱念方式，後來更出現民間從事經懺的人士，他們唱工俚俗，嘈雜聒噪，迎合大眾口味來唱念梵唄，再怎麼說也是造成後代對佛教梵唄不正確印象的原因之一。當然梵唄的流變是不是他們造成的，這還不知道。但是梵唄確係佛教的門面，不論梵唄改變的道理在哪裡，這個改變的現象值得我們深思。

民國八十七年，在台北舉辦了一場「中國佛教音樂學術研討會」，與會的學者甚多，出席者十分踴躍，討論熱烈，會後主辦單位特別舉辦一場晚會演出佛教音樂的曲目。這顯示近年來佛教音樂開始受到重視。然而到目前為止，學者們似乎仍將研究範疇歸於音樂項下，而將田野調查列為重點的呼聲不斷。有些學者更提出了佛教音樂美學的課題。筆者以為站在一個佛教徒的立場來說，這未必是一件好事。

傳統梵唄的制作，不，應該是說梵唄的制作，並不是在於好聽，而是它之所以成立及傳承下來的訴求是什麼。過去梵唄研究的重點都在於樂曲本身，這對於保存現有梵唄的工作而言是有所貢獻。然而我們應該怎樣來看待梵唄發生流變的這個事實呢？將來新興的佛教音樂會不會因此取代了現在所謂的「傳統梵唄」？也不得而知。但是在研究過梵唄史以後，我們都能夠知道，「無常」本來就是歷史潮流的表徵。這麼多的佛教梵唄，或是音樂也好，它們都曾經活躍在歷史的舞台上，也曾經被後來推上的後浪所取代。我想，追索佛教梵唄失傳的原因，應該要比研究佛教梵唄的美學還來得重要。

當然，研究梵唄美學的原因，無非就是要創作。在此筆者並不排斥梵唄的新作，但是創作者一定要了解梵唄創作的原理，切忌粗製濫造。那麼多的梵唄曾經出現在中國的歷史上，爲什麼它們會失傳，這個問題不僅僅是創作者本身，也是從事梵唄教學、關心佛教梵唄前途的各界人士都要關切的。

佛教梵唄之所以會傳承下來，這和佛教的石窟、造像與建築藝術一樣，絕不是爲了好聽或好看。佛教徒創作這些藝術，流傳這些藝術，主要是爲了「法」的展現。換句話說，佛教傳播的地域那樣寬闊，受持的民眾階層那樣廣大，「法」才是主角。所以研究佛教梵唄，是不能與「法」脫離，創作梵唄，更不需要立刻找尋其他的美學。總而言之，一切「以法爲師」。因此未來的梵唄研究或是創作，筆者衷心希望，能夠以「法」的立場來詮解。

今後中國佛教的梵唄會不會再次流變？沒有人知道，唯一知道的是，任何人創作出來的新梵唄，假使能流傳久遠，則一定要符合佛教精神的規範。

附錄㈠

# 中國大陸方面的研究成果概要

一般來說，台灣地區的佛教有關法會儀軌有其固定的「法本」，那就是以天寧寺《禪門日課誦》爲底本規劃成的《佛門常用課誦本》。然而介紹梵唄的書籍，卻大多是大陸的學者們所撰寫的，如周叔迦、田光烈、林子青、胡耀、袁靜芳、韓軍等人。台灣不少學者參考這些書籍來作討論。就連本文最前面提到法藏法師所撰寫的《梵唄考略》一文內容關於我國梵唄源流部分，也是引用大陸學者整理出來的史料。奇怪的是，台灣學者們撰寫這方面的書籍很少。事實上，大陸學者的梵唄研究特色，在於采風及史料整理，其中以田青先生的研究最爲突出，是以筆者參考田青的研究，整理出對於中國大陸近幾十年來的研究發展情形的概述。

要談中國大陸對於佛教音樂的研究，則要從過去的五十年說起。曾經是中國佛教流行的神州大地，近百年來面對有史以來的巨變，幾乎所有政治或文化上的激進、改革人士都將矛頭指向宗教和宗教文化。自從清朝末年政府公佈了「廢廟興學令」之後，宗教就成為「迷信」的同義詞。五四運動以「砸爛孔家店」為口號，衝擊著中國千年傳統的三根支柱——儒、釋、道三教的社會價值觀。而文化大革命更將宗教文化，及一切與宗教有關的東西，統統視為掃除的對象。中國的佛教與傳統文化就在腥風血雨裡渡過了將近一百年的歲月。

一九七九年「改革開放」以後，中國大陸的學術界與知識界人士除了積極的反省，並觀察鄰近國家發展的經驗，他們開始對中國近百年來的歷史進行「反思」。這種反思包括對五四運動與中國文化的傳統相關的反省與思考。在這樣的思潮之下，中國知識分子研究如何繼承這五千年的傳統與歷史文化，也同時研究著如何繼承五四運動的反傳統的傳統，並希望通過這樣綜合的思考，達到對五千年歷史文化的重新認識，與建立新的價值觀。在這樣的思潮與運動情形之下，許多傳統事物被重新挖掘出來研究，佛教與佛教音樂也是在這個時代背景之下被發掘出來的。

田青先生指出：從一九九七年算起，總結中國大陸過去五十年的佛教音樂研究可分成三個階段：

第一階段是音樂學界及個別的有識之士，「發現」和「初識」佛教音樂的階段

長期以來，佛教音樂不是流傳於中國佛教內部，就是流傳於社會中下階層，從未被上層人士看重。所以本世紀初的音樂學家劉天華等人對佛教音樂的關注，是眼光獨到的作爲。劉天華在本世紀三〇年代記錄的《佛樂譜》，是中國音樂學界將佛教音樂納入音樂研究的重要標誌。然而其後戰禍連年，這項工作也就停頓下來，將近二十年之久。

第二階段是從四〇年代到五〇年代末期

一九四七年，在山西省「晉綏解放區文聯音樂部」工作的音樂工作者如亞欣等人，對山西五台山佛教音樂開始進行蒐集工作。由於當時沒有錄音設備，又值戰爭時期，故對山西五台山的青廟、黃廟及「八大套」等傳統佛教音樂的記譜工作，就顯得格外珍貴。

五〇年代以後，佛教音樂的採集、整理工作開始有了成績。各地的音樂工作者投入佛教音樂的蒐集與探索，不但蒐集、記錄了一批較多的佛教音樂原始素材，並

試圖以社會學、宗教學的角度去研究這些宗教音樂做進一步的考察。較有名聲的學者有潘懷素、楊蔭瀏、查阜西等人對北京智化寺京音樂的考察和研究。他們的研究和宣傳使得佛教音樂再度受到世人的重視，並帶動了許多音樂工作者和學界投入在蒐集、並研究各地佛教音樂。這一時期最有成就的，就是北京智化寺京音樂。所有研究成果發表在「中央音樂學院中國古代音樂研究室」的採訪記錄第一號、第五號及第二一號。其中潘懷素並以「思白」爲筆名，發表了〈略談智化寺的京音樂〉等專文。楊蔭瀏則於一九五六年帶隊前往湖南省進行音樂普查，對湖南省佛教音樂進行較爲系統的收集及整理。並撰寫了〈佛教禪宗水陸中所用的音樂〉、〈宗教音樂·湖南音樂普查報告附錄〉等。其中〈佛教禪宗水陸中所用的音樂〉一文對水陸大法會音樂的演唱及演奏方式，及水陸法會中音樂材料的來源等諸多問題有所考察，並記錄了〈香贊〉、〈三寶贊〉等禪門佛曲二一〇多首。

在這些人們的帶動之下，中國大陸各地的音樂工作者紛紛投入，出現了一些成果。如「中國音樂協會·成都分會」編輯了《寺廟音樂》一書，在一九五五年以鉛印出版。書中匯集了焰口、梵唄、禪門課誦等曲譜一〇四首（當中有重複）。另有五台山青廟、黃廟等唱誦、吹腔二〇七首及「八大套」的全部曲牌，這是目前中國大陸收集佛教歌曲項目曲數最多的，規模最大的譜集。此外還有《陝西葭榆宗教音樂散編》的地方性宗教音樂譜集整理出現。

此一階段的成果十分可觀，是中國大陸佛教音樂研究的第一個高潮。這一階段有如下特點：

1.由專業音樂工作者用民族音樂學的傳統方法（主要的就是田野調查，包括記譜、記詞、社會調查、樂器的繪圖與測量）進行工作，由於技術條件的限制，一般只是記譜，沒有錄音。

2.大部分音樂工作者對於佛教的教義、儀軌都不了解，所以這一階段的工作者僅僅是初步的嘗試，沒有能把佛教與音樂結合來研究。被記錄的唱詞有錯字、訛字的出現，在解釋的文章裡也存在對佛教的誤解與隔閡。

3.五〇年代中國大陸政治相對穩定，大部分音樂工作者能夠用歷史的、客觀的角度去觀察佛教音樂，強調佛教音樂的人民性，試圖將佛教音樂納入民間音樂的範疇之下。

4.由於缺乏對佛教音樂的全面考察，而僅將被研究對象，當作是地域性、地區性的文化，在研究者眼光中，只有某地的佛教音樂，而無中國佛教音樂的概念。

由於六〇年代到七〇年代末，佛教音樂的研究進入了停頓狀態。「左」的思想影響，音樂工作者不敢再接觸佛教音樂領域，不敢問津。文化大革命更大規模摧殘了佛教與文化，曾經研究過佛教音樂的學者與相關工作人士都遭受了無情的批判。

第三階段則於八〇年代開始

中斷了二十年的佛教音樂研究開始復甦。一九八三年九月，湖南省文學藝術工作室音樂組就以「內部資料」名義重新翻印了一九五六年《湖南音樂普查報告》中的《宗教音樂》部分。與此同時，已有佛教音樂的研究經驗與基礎的山西省音樂工作者推出了《山西民間器樂集—五台山寺廟音樂》。其後中國大陸各地陸續出現以「選」、「集」爲名的佛曲資料，如《禪門讚集》、《咸陽地區民間歌曲集成—宗教歌曲》、《江蘇宗教歌曲選》等，尤其隨著大規模的「中國民歌集成」和「中國民族民間器樂曲集成」兩計畫的執行與成果的編輯工作的展開，全大陸各省市及地方幾乎都在收集民歌和民間器樂的過程中，收集了大量的宗教音樂。許多地區編輯、整理和出版了本地區宗教音樂的專集，爲深入進行研究奠下了基礎。

此一時期也恢復了田野調查的采風工作，音樂學家也恢復了原來進行的學術工作。八〇年代中國大陸第一篇公開發表的學術文章是由陳家濱所撰寫的〈五台山寺廟音樂初探〉（收錄於中國大陸音樂期刊《音樂研究》一九八一年第二期），他分析了五台山佛教的音樂，提出了兩個重要的判斷：一是五台山寺院音樂中保存了〈望江南〉曲牌為例，認為可能就是唐朝的原曲。二是反對過去學術界認為佛教音樂剽竊民間音樂的理論，認為五台山的佛教音樂是「源」，而山西八大套是「流」。田青本人的一篇〈佛教音樂的華化〉（收錄於《世界宗教研究》一九八三年第三期）則是中國大陸首篇超越地區性的民間音樂視野，提升到對整體歷史文化的現象進行歷史考察的文章。該篇反駁了中國佛教音樂土生土長的觀點，並提出了唐代佛曲至今仍存在寺院中的觀點。胡耀〈我國佛教音樂調查述要〉（收錄於《音樂研究》一九八六年第一期）把他早期研究地方視角予以擴展，對中國佛教音樂中的法事音樂做了扼要的敘述。他並用了統計學方法，對常用佛教讚唄進行了音樂形態的分析。這一階段的佛教音樂研究，顯示了中國大陸音樂家們將原來地方性、地域性已經提升到了對佛教音樂的文化做歷史性與全面性的考察。這是比較進步的觀念。

此外，中國大陸也出現了有關佛教音樂與道教音樂，甚且是中古世紀歐洲天主教音樂相互交流的考察論文。如蘭光明〈「慢彈」音樂與「奧加農」之比較〉（收錄於《音樂探索》一九八五年第一期），以記譜形態將四川省寶光寺放焰口中的〈慢彈〉音樂與歐洲天主教之「奧加農」音樂進行比較，試圖探索早期音樂中的一些問題。田青的〈中國音樂的線性思維〉（收錄於《中國音樂學》一九八六年第四期）則從美學角度比較了天主教（基督教）和佛教思想對歐洲音樂和中國音樂的不同影響。而在對地方佛教音樂的探索上，也出現了邢野的〈呼和浩特喇嘛教音樂考〉（收錄於《音樂研究》一九八六年第一期）、尼樹仁〈大相國寺音樂的構成〉（收錄於《中國音樂》一九八六年第一期）、邢毅〈拉卜愣寺院藏文譜〉（收錄於《人民音樂》一九八九年第六期）、韓軍〈五台山佛教音樂的宮調系統〉（收錄於山西《音樂舞蹈》一九九〇年第一期）及劉劼〈佛道教音樂在陝西民俗中〉（收錄於《音樂探索》一九九〇年第一期）等，對於佛教音樂不同角度的各種層面，都有深入的探討。

另有佛教音樂研究者使用歷史學方法探索佛教音樂起源及發展問題。這方面的論文有謝立新〈中國佛教音樂之初〉（收錄於《藝苑》一九八八年第一期）、林培安〈梵唄窺源與佛曲辨宗〉（收錄於《音樂藝術》一九八九年第三期）、趙一德〈雲崗佛籟洞與北朝文化〉（收錄於《文史哲》一九八九年第二期）、高德祥、呂殿生〈敦煌石窟壁畫中的吹奏樂器〉（收錄於《樂府新聲》一九八九年第四期）以及常嗣新〈雲崗第十二窟樂器演奏伎樂天的初步研究〉（收錄於《音樂舞蹈》一九九〇年第一期）等論文。

這一階段佛教音樂研究的特點在於：

1.對佛教音樂進行全方位、多角度的考察開始進行，研究者從史學、音樂形態學、考古學、民族學、民俗學等多種學科的角度來進行研究，使佛教音樂的研究有了全新的面貌。

2.充分運用現代技術，對佛教音樂做了錄音與錄影的工作。其中一部分錄音、錄影製品已經在市面上流通，爲研究提供了基本資料。當中有上海音樂學院與上海市佛教協會聯合錄製的法事音樂錄影帶和中國音象大百科錄製的「中國佛教音樂系列」錄音帶是這方面的代表。從一九八七年開始，中國音象大百科已經出版的錄音帶有：《津沽梵音》二卷、《五台山佛樂》五卷、《潮州佛樂》四卷、《常州天寧寺唱誦》三卷、《九華山水陸》四卷、《雲南佛樂》三卷等等。這些錄音帶的出版受到大陸各界歡迎與好評。

3.佛教音樂的研究已經具備了學科的性質，出現了以佛教音樂爲專業的研究生，及以佛教音樂爲主題的碩士論文。出現了少數以佛教音樂研究爲事業的專業研究人員。並召開了以佛教音樂爲主題的國際學術大會。

4.在搶救、整理與研究佛教音樂的過程裡，許多專業人士與佛教界開始成立佛樂團演奏佛教音樂。這些樂團的組合，有些由佛教藝僧組成，有些是佛教藝僧與專業人士聯合組成，例如一九八六年成立的北京佛樂團是最早成立的佛教音樂團體，曾經出訪歐洲，使北京智化寺音樂揚名海外。一九八九年成立的五台山佛樂團出訪香港及英國的演出，更備受讚譽。這是有史以來，中國佛教音樂團體首度走出中國大陸，向國際社會介紹此一珍貴的文化資產。

5.出現了音樂專家與佛教界人士、國內學者與國外學者交流合的狀況。一九八九年三月在香港召開了首屆佛教音樂國際研討會，出席此次會議共有中國大陸與海外學者二七人，是有史以來第一次有關佛教音樂研究的國際盛會。

6.佛教音樂的研究開始受到大陸官方有關部門重視，隨著改革開放的發展，大陸官方主管宗教和文化部門單位對佛教音樂研究給予支持。一九八六年十月《中國民族民間器樂集成》全國主編會議特別邀請田青爲各省「集成」主編做了「宗教音樂的收集、整理、研究的方法」之專題演講，大會正式要求各省在

「集成」編輯工作中全面蒐集宗教音樂。一九八七年九月，「集成」全國編輯部在湖北襄樊召開了「全國宗教音樂編輯會議」，研究有關宗教音樂的收集、整理、編輯的問題，決定將宗教音樂收入器樂曲完成。

九○年以後的中國佛教音樂研究也有好的成績，一九九二年，中國佛教文化研究所和中國藝術研究院組織了「漢傳佛教常用唱誦規範譜本」編輯小組，小組聘請國內（指中國大陸）諸方大德爲顧問，由田青擔任主編，經過三年的努力，已經將《朝暮課誦規範譜本》編輯完成，並且配合音譜的錄音帶也隨之出版。一九九三年，上海音樂出版社以中英文對照的形式出版了田青主編的《中國佛教音樂選粹》，該書是第一本以五線譜記譜的，包括天津、五台山、潮州、重慶、九華山等地的佛樂譜集。

以上資料主要是引用並參考田青主編之《中國宗教音樂》（中國大陸北京市宗教文化出版發行）。田青對於中國佛教音樂研究投入時間頗長，歷練十分豐富，目前擔任了中國藝術研究院音樂研究所副所長，對於中國大陸佛教音樂情況的掌握十分清晰。從上述資料裡，我們可以發現到，中國大陸佛教音樂的研究，起步雖然比台灣晚（台灣在民國五十九年即有碩士生以佛教音樂爲主題提出論文，中國大陸要到八〇年以後才有碩士生以佛教音樂為主題撰寫碩士論文），可是進步的幅度卻比台灣還快，不僅在佛教音樂的研究已經到了「史」的層面，還有佛樂團的組成，以及召開了國際佛教音樂的學術研討會，對於佛教音樂的發展與文化傳承都有重大成就。儘管經過了十年文革的摧殘，能有這樣的成就，迎頭趕上的成績，已經是十分了不起了。中國大陸學者們的努力，是在於相關史料與聲曲方面的整理，在他們辛勤的搶救、研究之下，也有一張非常可觀的成績單。這也不難理解到，在台灣佛教音樂的研究風氣初起之下，相對於大陸學界大力投入的情況，台灣的佛教音樂研究學人也不得不參考他們整理出來的資料，及引用做為梵唄基本知識了。

然而，值得我們注意的是，畢竟中國大陸對於佛教音樂的研究，還是站在音樂學立場來作研究，而並非在佛門立場的佛教梵唄與音樂之研究。雖然田青注意到了過去有「沒有能把佛教與音樂結合來研究」的現象，但是大陸學者們終究大部分都是佛門外之人，並且傾向唯物史觀的尺度，特別是還有「為政治服務」政策，雖然請了佛教界人士共同參與，終究彼等也只是提供聲曲而已。是以大陸學者的作品值得我們參考，但佛教音樂的本位畢竟還是在佛教的本身。

附錄(二)

# 日本方面的研究成果概要

在日本，歷史文物受到重視的程度非常的高，不論是在東京或是京都，都可以見到上百年的老店舖；而在京都，兩三百年的老店舖並不算稀奇，甚至於早於百年以上的食品口味（茶道、和果子、拉麵、壽司、懷石料理等等），迄今都有人還在研究、考證，努力把老祖宗的文化保留下來。筆者在京都街頭散步，常常看到這些事物，內心不得不佩服，不禁對中國坎坷的命運，感慨萬千，也對日人致力對傳統文化保存的努力有著無比的敬意。

佛教於日本已有上千年的歷史了，日本對於佛教文物的保存尤其注意。百年以上歷史的寺廟處處可見。傳教大師（最澄大師）、弘法大師（空海大師）的去處都有立碑紀念，上百年的寺院所保留的古老抄本可以在博物館內看到。

然而，日本所致力保存的傳統文物，大部分都是我國古代的文化，佛教的部分也是其中之一。日本佛教保留了唐代佛教的八宗遺風，一如唐代的佛教風氣，日本也保存了古代悉曇文字寫成的經本，研習梵字仍舊普遍於佛教界人士。日本也保留為皇家舉行的宮廷法會，也有為庶民舉行的法會儀式。舉辦法會的儀式、梵唄，法器的使用、儀軌的進行方式，日本也大多都保存了下來。因此，日本可以說保留了中國古代文化的一部分，而這一部分，事實上就是我國梵唄史上重要的部分，隋唐時期的梵唄。

說到佛教學研究，世界上首屈一指的，要算是日本；而佛教梵唄與音樂的研究，世界上首屈一指的，還是日本，這是因為該國佛教一直受到政府與國人的崇敬，也沒有遭受過類似三武及文化大革命之類的破壞。然而日本對於佛教梵唄與音樂的研究，雖然是世界上首屈一指，但是很奇怪的是中國大陸與台灣方面迄今對日本聲明研究的成就所知非常有限。中國大陸學者雖然已經知道日本聲明，但是深入研究的學者卻很少，大概是語文問題所致。台灣則因呂教授為日本音樂家岸邊成雄教授的學生，在日本留學多年，知道日本的「聲明」，故撰寫了《佛教音樂——梵唄——台灣梵唄與日本聲明之比較》，成為首位將日本佛教的聲明介紹到台灣來的學者。然而，台灣音樂學界並不重視，大部分佛教音樂的研究者也沒有注意到。

其實，日本的佛教梵唄，是和日本的佛教宗派一樣，分成各個宗派與流派。根據日本東京音樂之友社出版以國立劇場傳統音樂公演而編著的《日本音樂叢書一三・聲明（一）》的編者木戶敏郎，在該書的〈編者のことば——「聲明」という音樂概念の開發中，提到曾經在國立劇場公演過的佛教聲明有下列諸流派團體：

法相宗：藥師寺
眞言宗：南山進流、豐山派與智山派
天台宗：山門派、寺門派與眞如堂引聲
淨土宗：淨土宗定聲明、光明寺引聲、緣山流
日蓮宗：日蓮宗定聲明
時　宗：遊行寺
曹洞宗：總持寺
黃檗宗：萬福寺

其實，尚未公演過的宗派，還是存在的。但我們可以從此看得出，日本佛教聲明（梵唄）並非如同中國一樣，使用著以《禪門日課誦》系爲主的梵唄，而是各宗

各派都有自己特色的法會與聲明。就以天台宗來講（以魚山聲明爲主），與眞言宗（以南山進流聲明爲主）的法會有著極大不同，當然聲明也有所差異，即使有相同的梵唄讚辭，也有不同的歌唱曲調。有鑑於海峽兩岸對日本聲明研究的陌生，在此引用片岡義道先生的研究，對日本天台宗佛教音樂發展概略介紹如次，再就所知的學者與學術專著，介紹如次，較爲詳細的部分，將於內文次第開展。

## 日本天台宗聲明研究概述

日本佛教是在公元五三八年由百濟地區（今韓國）傳入，自此就有了佛像、佛教禮儀與佛寺廟。其後從奈良時代（公元七一〇至七九三年）到平安時代（七九四至一〇五五）初期傳入日本的佛教，是以中國化的佛教爲主，傳入的經典並沒有翻譯成日文，幾乎是完全忠實地繼承了中國佛教，同樣地，梵唄也是如此。承和六年（八三九）年，日本天台宗圓仁大師到中國留學，所撰寫的遊記《入唐求法巡禮記》中對於赤山法華院（山東省沿海一帶）舉行的「法華八講」法會有詳細的記述。文中指出該儀式中所唱的聲明曲是「音聲類似日本」，並且又指出前年（唐文宗開成三年十一月）在開元寺舉行的「天台大師忌日」所設的法會，唱唸也與日本的大致相同。由此可知，儀式中所用的音樂完全是中國式的，並且，日本對音樂的看法，也是繼承印度的「大乘音樂觀」。永久二年（一一一四年）舉行的「順次往生講式」法會，即是根據這種音樂觀所創制出的一個大型音樂法會。這個法會就《大樹緊那羅王所問經》所說的思想予以日本化、實用化而具有特色的儀式。此外，中國所高度開發的音樂理論，隨著《樂書要錄》等理論書，傳入日本，受到日本高度的關切，並積極吸收此種純音樂理論。積極致力於此道，又關切印度與中國佛教梵唄及音樂觀的人，即五大院安然大師（八四一至八八四）。在他的《悉曇藏》當中，記載了現在雅樂使用的橫笛樂律，這個學說後來變成日本傳統音樂理論的基礎。

佛教音樂輸入日本當初，日本不僅忠於原著地接受，並且原封不動的傳於後代。但是到了遣唐使廢止，平安時代中期，日本與中國文化的交流宣告中斷。日本佛教開始逐漸的「日本化」。在此之前的梵唄都還沿用中文形態寫成，自此以後，梵唄（聲明）開始有以日語寫成的教科書，其中有許多新作的聲明曲，被稱之爲「和文聲明」。前面提到的「順次往生講式」便是使用了「和文聲明」的一例。它所採取的方式是自各種經典摘要出必需的部分，再加上解說之後給觀眾們聆聽。十二世紀起的日本，和文聲明成爲各宗盛行的「講式」法會的內容。這種講式，最初只是簡單的旋律來朗誦，其後逐漸定型，並且產生初重、二重、三重等旋法，如此而能自由轉調，其旋律構造就被稱作「講式節」。鎌倉時代以後（一一九二至一三三七年），各種被視爲日本傳統音樂瑰寶的「平家琵琶」、「宴曲」、「謠曲」、「淨琉璃」都是從這種佛教的音樂形態演變出來的。成爲中世紀以後日本傳統音樂重要的源流。

平安時代末期，日本音樂產生很大的變化，在此之前的音樂幾乎都被冶爲一爐，產生了共通要素的新音樂。日本梵唄是在這樣的情況之下，產生了變化，主要是與「雅樂」相融合，轉而以雅樂爲主要樂理爲基礎的新音樂。因而日本佛教就出現了一批音樂理論的書籍，最著名的是天福元年（一二三三年）僧人湛智所撰寫的《聲明用心集》。此書將印度、中國的十二律呂及旋轉法理論加以整理，融合了日本獨特的「三旋法論」。再以實例顯示各種旋律的分類，圖式記譜法的的原理，解說樂理的各個領域，討論音變（旋律的轉調），並將其區分成三種類等等，開展成當時最進步的音樂理論，成爲後世日本聲明學的典範。另外日本佛教也有一批演唱家，如寬朝（九三六至九九八）、良忍（一〇七四至一一三二），是復興天台宗聲明的大師）、滕原師長（一一三七至一一九二）、後白河法皇（一一二六至一一九二）

等人。

日本佛教音樂的黃金時代過去了以後，就進入了沈滯時期，後世的聲明家採取保守地繼承前代的態度。從鎌倉時期以後到江戶時期（一六〇三至一八六七年）乃有人開始整理現存的儀式及音曲，以資流傳後世。其中最有名的就是宗淵（一七八六至一八五九年）和覺秀（一八一七至一八八二年）所編纂的「魚山叢書」。

明治維新以後的日本佛教音樂，面臨了一個很大的轉換期，這是因爲歐洲近代文明不斷衝擊著日本，受到這種洗禮的日本社會產生了很大變化。日本佛教界也被迫解決「如何面對此種重大變化」的問題，然而進行的並不順利，自明治維新以後，經過一百年，日本佛教對此問題並無法提出解答。佛教音樂也是如此，在整個日本音樂界受到西洋音樂的潮流支配之下，二千多年傳統的聲明正在與異質音樂結合，企圖創造出新的佛教音樂，但是，雖然使用很多方法，至今仍無法成功。這個問題乃是當前日本佛教音樂的最大問題。

以上資料來自於片岡義道《佛教音樂的源流及其發展一兼論日本佛教音樂現況》。片岡義道先生現爲日本京都市立藝術大學教授，經常發表有關天台宗聲明的相關研究，也是日本著名的佛教音樂學者。片岡義道以爲當前的日本佛教音樂問題，分析如次：

1.日常課誦的聲明問題

目前日本大小寺院，幾乎每天都做早晚日課。這些唱誦內容都屬於傳統的梵唄聲明，然而片岡義道認爲，若就音樂上來說，大部分品質仍屬較爲低劣。發聲往往是未經訓練的本來音，合唱上也欠缺協調性。小寺院所唱的聲明，除了特殊場合外，都是事前未經排練的，品質十分不穩定。因而作爲佛教音樂主幹的聲明，片岡義道認爲：「不單是受到當事者僧侶的輕視，同時也受到聽眾的輕視。」因之片岡義道以爲，努力改變這種錯誤的看法，使其回復原來具有音樂性的面目，將是今後佛教音樂的首要課題。

2.聲明的五線譜化、唱片化

當前許多宗派都努力將正確的傳統課誦儀式保存下去，他們將現行留存的聲明曲改編成五線譜，或者完成唱片，也有錄音帶與片。就天台宗而言，已經完成了多紀忍道·吉田恆三合作的《天台聲明大成》（分上、下兩卷，上卷完成於一九三五年十二月，下卷完成於一九五五年五月）。又於一九六六年創立的東京國立劇場，在開幕紀念公演中曾表演過聲明，以後每年定期舉行聲明公演，由各宗輪流演出，這給日本佛教界很大的刺激與鼓勵。非常值得注意。

### 3. 西洋音樂和佛教音樂的融合

片岡義道認爲，現在日本音樂活動主流在於西洋音樂，在此情況下則會促使各宗派積極將西洋音樂融會在自己的佛教音樂中。他們所採用的方法不盡相同，產生的成果也有所不同，但是片岡義道並不認爲成果十分圓滿。這些與西洋音樂相融和的佛教音樂，有「佛教聖歌」等，不過這些歌曲並沒有被寺廟儀式音樂所採用。

以上就是從佛教傳入日本以來，到當前的日本佛教音樂發展概況，詳細的部分留待後面再敘。在此筆者所引用的資料是以日本佛教的天台宗立場所做的觀察。然而我們可以看出，日本佛教當前也遭遇到了與台灣相同的「傳統」與「現代」的衝突與融合的問題。就筆者所知，日本方面的做法，其實也未必像片岡義道教授那樣悲觀，一方面以現代西式音樂爲主的佛教音樂仍然在發展，但是基本上的傳統保存工作並沒有放棄，相反的在這方面反而下了更多的功夫。這可以從目前日本已完成了《佛教音樂辭典》一事可以看出。

基本上，日本研究佛教音樂的主題與海峽兩岸所研究的是沒有太大的差異，都是音樂資料與樂理相關的問題，但是所不同的是：研究者的身分可能不只是學者而已，更有佛門中的學問僧，也是聲明的演唱家，更是修行人；他們不僅能懂得音樂理論，還是法會的主持人，更有寺院的住持大師，也有聲明的傳人。像是前面提到的：天納傳中，天台宗大原魚山實光院寺的住持法師，他就是這樣的人物，以其佛門實際的體驗，結合學術與實務，爲了佛教的前程做出的佛教音樂研究，不僅能取得佛教音樂研究的客觀性，也能達成結論的正確性。這種優越的特質，放眼望去，只有日本才有；這是中國大陸目前達不到的條件，也是台灣地區還無法趕上的水準。筆者認爲，只有眞正深入佛教學，融通佛教史，又能通曉音樂學，這樣的學術背景才能做出眞正理想的佛教音樂研究來。

## 日本學者與相關著作介紹

由於筆者研究天台宗梵唄，故特將所知與台宗相關及重要的日本學者的相關著作，介紹於次：

## 1.天納傳中與《天台聲明概說》

筆者認爲，在日本佛教天台宗裡，作爲大原魚山聲明的傳人，天台宗大僧正，天納傳中大師是公認的日本天台宗聲明學的權威。他也是大原魚山實光院住持、天台聲明學的教授、著名佛教音樂學者。

在拜會天納大師之前，筆者已經聽聞過他的名聲，而且得知目前天納大師的《天台聲明概說》是少數天台宗聲明介紹書籍之中的經典之作。就在 A. W. Barber 教授的安排與岩田宗一教授的引薦之下，筆者於一九九八年元月爲了天台聲明前往京都大原三千院參訪，有幸親自拜訪天納傳中大師，深深覺得這是一趟珍貴無比的旅行。

天納傳中大師，現年已屆六十，是日本佛教天台宗魚山實光院的住持法師，及大僧正，也是天台宗學界權威的聲明學教授。大原實光院是魚山大原寺下院的本堂，勝林院（在實光院的附近）之僧院。而勝林院則是在公元一〇一三年赴唐求法，日本天台聲明的奠基祖師，圓仁大師之九代傳人寂源，爲了傳承天台宗聲明所見的寺院。後來復興天台宗聲明的大師，良忍上人建立了魚山來迎院（也在實光院的附近），學遍天台宗當時流傳的聲明，因而統一了天台宗所有的聲明，使得這兩座寺院（勝林院與來迎院）與本堂，被稱爲「魚山大原寺」，成爲了傳承天台宗聲明的中心，這裡的歷代住持大師都以研究天台聲明爲務，算來也有好幾百年的歷史了。實光院供奉著地藏王菩薩，兩旁則有不動明王，與毘沙門天王隨侍。建築以和式爲主，但有中國唐式的風味，庭院則種滿了各種茶花與櫻花，每年從秋天一直到第二年春天都開滿了花，四周圍則圍繞著紅檜木，鳥語花香，空氣清新芬芳。百丈叢林清規上說：「山門以耆舊爲莊嚴」，這句話用來形容實光院眞是一點也沒錯。

天納大師便是這座寺院的住持大師。他的著作十分豐富，根據日本京都府法藏館出版的《佛教音樂辭典》（一九九五年五月二十日出版，由天納大師等四人領銜主編）統計，天納大師的論文有數十篇之多，眞正是著作等身。除此以外，天納大師還領導天台宗學者主編《續天台宗全書・法儀》，該書已由東京春秋社出版。此外天納大師也致力於保存與傳承天台聲明的工作，曾有數次率團國外公演的記錄，足跡已至法國巴黎，與德國等地。據岩田宗一教授告知，天納大師可能是天台宗演唱家當中聲音最好的法師。天納大師於西元一九八五年率領日本佛教音樂學者組成「佛教儀禮研究訪中團」訪問中國大陸各地，包含西藏在內，目的是爲了調查中國佛教現存的聲明（梵唄）。西元一九九六年他帶領日本天台宗參拜團前往中國大陸山東省東阿縣魚山祭拜曹植墓，並立碑紀念曹植為中日佛教梵唄所做出的貢獻。（該事載於《魚山曹植墓》一書，一九九七年六月十八日大原魚山實光院發行）天納大師也曾來台灣參加會議（據說是「世界僧伽會議」），他為人和藹可親，謙恭有禮，令筆者印象最深的，莫過於他使用自製的鐘磬來解說天台聲明的樂理，令筆者大開眼界，深深的留下了印象。天納大師精通各種聲明律呂，自不待言。

《天台聲明概說》可能是日本講解天台聲明的經典之作。天納大師以其居住大原魚山寺多年，閱遍了魚山勝林院的藏書（聲明學叢書），參與並擔任法會主持人多年，又領銜主編《佛教音樂辭典》及《續天台宗全書・法儀》的經歷之下，具備了相當的條件來介紹天台聲明。該書乃為日本天台宗總本山比叡山（位於日本滋賀縣境內）的天台宗佛教學院——叡山學院所撰寫的聲明課本。然而內容詳實，客觀公正，是一本了解日本天台宗聲明最好的入門書籍之一。（一九八八年八月三十一日叡山學院出版，共二百多頁。）

天納大師致力於聲明道的傳播，不僅在於聲明史的研究，特別也將法會種種列於書中。這是筆者認為最理想的聲明學研究路徑，也就是不忽略佛門的需求，又能滿足音樂學者的需要，對於天台宗的聲明學入門者而言，毫無疑問，這是一本值得推薦的好書。筆者也衷心的希望，忠實描述佛門的儀式與梵唄扮演的角色，同時也能滿足音樂學者的需求，這樣的佛教梵唄與音樂史架構下的著作，希望能夠早日在海峽兩岸出現。

2.天納傳中、岩田宗一、播磨照浩與飛鳥寬栗四人合編之《佛教音樂辭典》

筆者認爲這本書在研究日本佛教的聲明學上，是不可缺的，因爲它足以代表日本佛教聲明學的一大成就，那就是由天納傳中、岩田宗一、播磨照浩與飛鳥寬栗四位學者合編的《佛教音樂辭典》。該書分成兩大部分：「傳統儀式編」、「現代音樂編」，並有三個重要的附錄：《聲明詞章出典一覽》、《聲明關係論著・解說・目錄一覽》及《佛教音樂唱片・CD關係一覽》，收錄了三千餘條資料，包括了以曲名爲中的法會、流派、人名、文獻、及法器等等很多項目，另外也收錄了一些日本學者們研究中國、韓國與西藏少數的佛教資料，是研究日本佛教音樂最好的參考資料。

現任京都大谷大學的佛教音樂學教授，岩田宗一先生，在這本辭典的編成上扮演了舉足輕重的角色。岩田教授其實不只是專精於天台聲明研究的學者，從他多次在論文發表會上發表的論文來看，專業傾向於淨土眞宗的聲明學研究，但是因爲淨土眞宗的聲明與大原魚山聲明有血緣關係，所以也研究天台聲明，同時也兼通其他各宗聲明，並時常跑寺廟做法會錄音工作。岩田宗一教授是片岡義道教授的學生。然而自有日本佛教音樂以來，最大的佛教辭典編輯計畫，成員當中選擇了他，而成員中：天納、播磨與飛鳥三位都是法師，唯獨岩田先生是居士，淨土宗播磨照浩法師更稱譽他是「日本佛教儀式音樂一聲明的研究之第一人」可見他的成就是備受肯定的。岩田宗一教授也是筆者的師友，他對於筆者本次的研究給予很多的精神與實質的鼓勵與支持，令筆者衷心感激。

與天納傳中大師不同的是，岩田教授十分關心田野調查的採譜與錄音的工作，他不僅跑遍日本各宗各派重要道場，做聲明的錄音與採譜的工作，也多次隨同天納傳中出國考察，一樣是做錄音與記譜的工作。即使岩田教授是這樣重視田野調查的教授，可是他對佛門的事務一點也不含糊，對於聲明聲曲與相關法會儀式，及歷史源流等事務如數家珍，這與岩田教授是佛教徒也有關係吧！

日本有了《佛教音樂辭典》，這象徵著佛教音樂在日本的研究日趨成熟，岩田宗一教授功不可沒。在《天納・播磨・飛鳥師との共同「仏教音樂辭典の刊行》一文，岩田教授說明了這本辭典編輯緣起：

昭和五十九年（一九八四年）法藏館出版了《聲明大系》（唱片與解說本），各方面就希望有一本好的、充實的「聲明辭典」能夠出版，以爲做鑑賞指引之用。

關於這段故事是這樣的：岩田教授先早前曾擔任了法藏館計畫的「聲明大系」編輯工作，該系列的有聲出版物完成後，在各別冊（共有八卷）中，都附有一個解說指引，於最後的附錄之上，岩田教授根據各指引的內容，編成了一本小型的聲明辭典添加爲附錄之上。然而該書的出版，卻使附於「聲明大系」的附錄《聲明辭典》成了各方的矚目。於是在各方期望之下，《佛教音樂辭典》繼續編輯。該書最早由天納大師、播磨法師與岩田教授三人合力編出，後來飛鳥寬栗法師的加入，使得這本辭典更加完善。

這個故事告訴我們，日本目前的佛教音樂研究已經到了「梵唄普查」的水準，而且也有《佛教音樂辭典》的出版。這個進度仍有待我們海峽兩岸中國人努力去追趕的。

綜觀日人對於佛教音樂的投入熱忱，固然值得欽佩。然而筆者以爲，日本的佛教音樂學者是由佛門自己發起，又經由佛門辦設的教育單位培養的人才（天納大師是於大正大學畢業，岩田教授任教於大谷大學。），結合學術界所作的研究工作，這一特點非常值得我們參考。大概日本的佛教學研究能夠發達，與此不無關係吧。

# 參考文獻

## 中文參考書目


《大正新修大藏經》，台北市新文豐出版有限公司，民國七二年一月修訂版
第一冊：《長阿含經》（二十二卷，後秦・佛陀耶舍、竺佛念譯）
《中阿含經》（六十卷，東晉・瞿曇僧伽提婆譯）
第二冊：《雜阿含經》（五十卷，劉宋・求那跋陀羅譯）
《增壹阿含經》（五十一卷，東晉・瞿曇僧伽提婆譯）
第三冊：《大方便佛報恩經》（七卷，失譯）
《菩薩睒子經》（一卷，失譯）
《太子瑞應本起經》（二卷，吳・支謙譯）
第四冊：《佛所行讚》（五卷，馬鳴菩薩造，北涼・曇無讖譯）
第七冊：《大般若經》之三（共六百卷，此本卷四○一至六○○，唐・玄奘

譯）

第八冊：《摩訶般若波羅密多經》（二七卷，後秦・鳩摩羅什譯）

《小品般若波羅密多經》（十卷，後秦・鳩摩羅什譯）

第九冊：《妙法蓮華經》（七卷或八卷，姚秦・鳩摩羅什譯）

《佛說法華三昧經》（一卷，宋・智儼譯）

《無量義經》（一卷，蕭齊・曇摩伽陀耶舍譯）

《佛說觀普賢菩薩行法經》（一卷，劉宋・曇無蜜多譯）

《大方廣佛華嚴經》（六十卷，東晉・佛馱跋陀羅譯）

第十冊：《大方廣佛華嚴經》（四十卷，唐・般若譯）

第十二冊：《佛說無量壽經》（二卷，曹魏・康僧鎧譯）

《佛說阿彌陀經》（一卷，姚秦・鳩摩羅什譯）

《大般涅槃經》（四十卷，北涼・曇無讖譯）

第十三冊：《般舟三昧經》（三卷，後漢・支婁迦讖譯）

第十四冊：《賢劫經》（八卷，西晉・竺法護譯）

《佛說佛名經》（十二卷，元魏・菩提流支譯）

第十五冊：《維摩詰所說經》（三卷，姚秦・鳩摩羅什譯）
《佛說大安般守意經》（二卷，後漢・安世高譯）
《陰持入經》（二卷，後漢・安世高譯）
《坐禪三昧經》（二卷，姚秦・鳩摩羅什譯）
《禪法要解》（二卷，姚秦・鳩摩羅什譯）
《大樹緊那羅王所問經》（四卷，姚秦・鳩摩羅什譯）
《佛說超日明三昧經》（二卷，西晉・聶承遠譯）
《佛說首楞嚴三昧經》（二卷，姚秦・鳩摩羅什譯）
第十七冊：《大乘修行菩薩行門諸經要集》（三卷，唐・智嚴譯）
第十九冊：《大佛頂如來密因修證了義諸菩薩萬行首楞嚴經》（十卷，唐・般刺蜜帝譯）
第二十冊：《千手千眼觀世音菩薩廣大圓滿無礙大悲心陀羅尼經》（一卷，唐・伽梵達摩譯）
第二二冊：《彌沙塞和醯五分律》（三十卷，劉宋・佛陀什共竺道生等譯）
《摩訶僧祇律》（四十卷，東晉・佛陀跋陀羅共法顯譯）

第二三冊：《四分律》（六十卷，姚秦·佛陀耶舍共竺佛念譯）
第二三冊：《十誦律》（六十一卷，後秦·弗若多羅共羅什譯）
《根本說一切有部毘奈耶》（五十卷，唐·義淨譯）
第二四冊：《根本薩婆多律攝》（十四卷，尊者勝友集，唐·義淨譯）
《解脫戒經》（一卷，元魏·般若流支譯）
《善見律毘婆沙》（十八卷，蕭齊·僧伽跋陀羅譯）
《毘尼母經》（八卷，失譯）
第二五冊：《大智度論》（一百卷，龍樹菩薩造，後秦·鳩摩羅什譯）
第二六冊：《十住毘婆沙論》（十七卷，聖者龍樹造，後秦·鳩摩羅什譯）
第二七冊：《阿毘達磨大毘婆沙論》（二百卷，五百大阿羅漢造，唐·玄奘譯）
第三十冊：《中論》（四卷，龍樹菩薩造，梵志青目釋，姚秦·鳩摩羅什譯）
《菩薩地持經》（十卷，北涼·曇無讖譯）
第三一冊：《成唯識論》（十卷，護法等菩薩造，唐·玄奘譯）
《辯中邊論》（三卷，世親菩薩造，唐·玄奘譯）
第三四冊：《妙法蓮華經文句》（二〇卷，隋·智顗說）

《法華玄論》（十卷，隋・吉藏撰）
《妙法蓮華經玄贊》（二十卷，唐・窺基撰）

第四十冊：《四分律刪繁補闕行事鈔》（十二卷，唐・道宣撰）

第四四冊：《大乘義章》（二十六卷，隋・慧遠撰）

第四六冊：《摩訶止觀》（二十卷，隋・智顗說）
《釋禪波羅蜜次第法門》（十二卷，隋・智顗說）
《法界次第初門》（六卷，隋・智顗說）
《法華經安樂行義》（一卷，陳・慧思說）
《國清百錄》（四卷，隋・灌頂纂）
《方等三昧行法》（一卷，宋・智顗說）
《法華三昧懺儀》（一卷，隋・智顗說）
《禮法華經儀式》（一卷，不著錄作者）
《金光明最勝懺儀》（一卷，宋知禮集）
《請觀世音菩薩消伏毒害陀羅尼三昧儀》（一卷，宋・遵式集）

第四七冊：《讚阿彌陀佛偈》（一卷，後魏・曇鸞撰）

《轉經行道願往生淨土法事讚》（二卷，唐・善導集記）
《往生禮讚偈》（一卷，唐・善導集記）
《依觀經等明般舟三昧行道往生讚》（一卷，唐・善導撰）
《集諸經禮懺儀》（二卷，唐・智昇撰）
《淨土五會念佛略法事儀讚》（三卷，唐・法照述）

第四八冊：《敕修百丈清規》（十卷，元・德煇重編）

第四九冊：《異部宗輪論》（一卷，世友菩薩造，唐・玄奘譯）
《歷代三寶紀》（十五卷，隋・費長房撰）
《佛祖統紀》（五十四卷，宋・志磐撰）
《佛祖歷代通載》（二十二卷，元・念常集）
《三國遺事》（五卷，高麗・依然撰）

第五〇冊：《馬鳴菩薩傳》（一卷，姚秦・鳩摩羅什譯）
《隋天台智者大師別傳》（一卷，隋・灌頂撰）
《大唐大慈恩寺三藏法師傳》（十卷，唐・慧立本，彥悰箋）
《付法藏因緣傳》（六卷，元魏・吉迦夜共曇曜譯）

第五一冊：《高僧傳》（十四卷，梁・慧皎撰）
《續高僧傳》（三十卷，唐・道宣撰）
《海東高僧傳》（二卷，高麗・覺訓撰）
《弘贊法華傳》（十卷，唐・惠詳）
《華嚴經傳記》（五卷，唐・法藏集）
《歷代法寶記》（一卷，不著錄作者）
《高僧法顯傳》（一卷，東晉・法顯記）
《大唐西域記》（十二卷，唐・玄奘譯，辯機撰）
《洛陽伽藍記》（五卷，元魏・楊衒之撰）
《天台山記》（一卷，唐・徐靈府撰）
第五三冊：《法苑珠林》（百卷，唐・道世撰）
《諸經要集》（二十卷，唐・道世撰）
《法門名義集》（一卷，唐・李師政撰）
《南海寄歸內法傳》（四卷，唐・義淨撰）
第五四冊：《釋氏要覽》（三卷，宋・道誠集）

《一切經音義》（百卷，唐．慧琳撰）
《翻譯名集》（七卷，宋．法雲集）
《悉曇藏》（八卷，日本．安然撰）
《悉曇略記》（一卷，日本．玄昭撰）
《悉曇輪略圖抄》（十卷，日本．了尊撰）
《魚山聲明集》（一卷，魚山版本）
《大原聲明博士圖》（一卷，不著錄作者）
《聲明源流記》（一卷，日本．凝然述）

第八四冊：

《阿含藏—雜阿含經．一》，佛光大藏經編修委員會編，台北市：佛光出版社，一九九五年初版七刷。
《阿含藏—雜阿含經．三》，佛光大藏經編修委員會編，台北市：佛光出版社，一九九五年初版七刷。
《阿含藏—長阿含經．二》，佛光大藏經編修委員會編，台北市：佛光出版社，一九九五年初版七刷。
《阿含藏—中阿含經．一》，佛光大藏經編修委員會編，台北市：

佛光出版社，一九九五年八月初版七刷。
《阿含藏一中阿含經．四》，佛光大藏經編修委員會編，台北市：佛光出版社，一九九五年八月初版七刷。
《卍字續藏經》，台北市：新文豐出版有限公司，民國八十三年十月台一版三刷。
第一一一冊：《百丈清規證義記》（十卷，清．儀潤說義）
第一二八冊：《華嚴經海印道場九會請佛儀》（一卷，不著錄作者）
《華嚴經海印道場懺儀》（四二卷，唐．一行慧覺依經錄，宋．普瑞補注，明．讀徹參閱，明．木增訂正，明．正止治定）
《華嚴道場起止大略》（一卷，不著錄作者）
《妙法蓮華經》，台北市：大乘精舍印經會印行，民國八七年元月出版。
《敦煌佛學．佛事篇》，王書慶編撰 甘肅省蘭州市：甘肅民族出版社，一九九五年三月一刷。
《中國音樂詞典》，丹青圖書有限公司出版。

《中華佛教百科全書》，台南縣：中華佛教百科文獻基金會，一九九四年一月出版。
《佛光大辭典》，佛光大辭典編修委員會編，民國八六年五月九刷，台北市：佛光文化事業有限公司出版。
《後漢書》，收錄於北京中華書局重編《二十四史》第三冊，一九九八年出版。
《三國志》，收錄於北京中華書局重編《二十四史》第三冊，一九九八年版。
《通志・七音略》，南宋・鄭樵著。收錄於台北市藝文印書館編印之《等韻五種》，民國七十八年九月三版。
《通志二十略・上》，鄭樵撰，王樹民點校之，北京中華書局一九九五年十一月一版。
《唐會要》，收錄於《歷代會要》叢書，楊家駱主編，台北市：世界書局，民國七八年四月五版。
《山東通史・隋唐五代卷》安作璋主編，中國大陸山東省濟南市，山東人民出版社出版，一九九四年十二月一刷。
《佛教史略與宗派》，台北市：木鐸出版社出版，民國七七年九月初版，頁二七六。
《原始佛教聖典之集成》，印順法師著，台北市：正聞出版社，民國八十三年一月修訂本三版。
《說一切有部爲主的論書與論師之研究》，印順法師著，台北市：正聞出版社出版，民國八十一年十月七版。
《初期大乘佛較之起源與開展》，印順法師著，台北市：正聞出版社出版，民國七十八年十月六版。
《漢魏兩晉南北朝佛教史》，湯用彤著，台北縣：駱駝出版社，民國八五年元月一版二刷。
《新譯洛陽伽藍記》，劉九洲注譯，侯迺慧校閱，台北市：三民書局印行，民國八三年三月初版。
《天台教學史》，釋慧岳著，台北市：中華佛教文獻編撰社，一九九五年十一月廿四日增訂六版。

《大唐西域記校著》，唐·玄奘三藏法師著，季羨林校著之，民國八三年五月一版二刷，台北市：新文豐出版有限公司出版。
《入唐求法巡禮行記校註》，白化文等校註，周一良審閱。河北·石家莊：花山文藝出版社出版。
《入唐求法巡禮記》潘平釋譯，收錄於「中國佛教經典寶藏精選白話版」叢書，台北縣：佛光文化事業有限公司，一九九八年二月初版。
《如意寶樹史》，松巴堪布、益西班覺著，蒲文成、才讓譯，中國甘肅省蘭州市：甘肅民族出版社，一九九四年七月一版。
《現代佛學大系》第十六冊《朝鮮寺刹史料·上》，藍吉富編。台北縣：彌勒出版社，民國七二年十月出版。
《現代佛學大系》第十七冊《朝鮮寺刹史料·下》，藍吉富編。台北縣：彌勒出版社，民國七二年十月出版。
《中國語言學史》，王力著。台北縣板橋駱駝出版社，民七六年七月出版。

《梵語佛典導論》山田龍城著，許洋主翻譯，收錄於「世界佛學名著譯叢」第七十九。台北縣：華宇出版社，民國七七年四月初版。

《聲明略》，呂澂著，台北市廣文書局，民國八二年一月再版。

《梵學集》，饒宗頤著，中國上海市：上海古籍出版社，一九九三年七月一刷。

《梵佛探》，金克木著，一版，中國河北省石家莊市：河北教育出版社，一九九六年五月。

《梵語課本》，羅世芳著，一版二刷，中國北京市：商務印書館，一九九六年出版。

《梵語初階》釋惠敏、釋齋因所著，台北市：法鼓文化事業股份有限公司，一九九六年九月初版。

《中國鐘磬律學》，陸雲逵著，台北市：中國文化大學出版部，民國七六年二月出版。

《清史樂志之研究》，陳萬鼐著，台北市：國立故宮博物院，民國六七年六月初版。

《中國音樂史》，田邊尚雄著，陳清泉譯，台灣商務印書館，民國七七年九月第七版。

《中國音樂史・樂譜篇》，薛宗明，台北台灣商務印書館，民國七九年九月修訂一版。

《隋唐音樂文化論集》，王昆吾著，台北市：學藝出版社出版，民國八十年十月初版。

《敦煌曲續論》，饒宗頤著，台北市：新文豐圖書公司出版，民國八五年十二月一版。

《呂炳川音樂論述集》，呂炳川著。台北市：時報文化事業出版公司出版。

《佛經原始讀誦法》（*Sur la recitation primitive des Textes Boudhique*. Journal Asiatique, 1915.）法國・烈維著，馮承鈞譯。收錄於上海商務印書館，民國二四年出版之「尚志學會叢書」之《佛學研究》中。

《中國佛教儀規》，林子青等著。台北縣：常春樹書坊，民國七十七年七月出版。
《佛教與音樂藝術》，胡耀著，中國大陸天津市：天津人民出版社，一九九二年十二月一刷。
《印度傳統音樂之研究》，謝俊逢著，台北市：全音譜出版社，民國八十三年六月一版。
《中國宗教音樂》，田青主編，中國大陸北京市：宗教文化出版社，一九九七年五月一刷。
《中國佛教京音樂研究》，袁靜芳著，台灣慈濟文化出版公司出版，民國八十六年六月。
《出三藏記集》南朝梁・僧祐撰，蘇晉仁、蕭鍊子點校，中國北京市：中華書局出版，一九九五年十一月北京一刷。
《文鏡密府論》，日本空海大師著，台北市：蘭台書局，民國六二年十二月再版。
《吳都法乘》，明代・周永年編，台北市：新文豐出版公司印行，民國七十六年六月一版。

《我從迷信走出》，釋從信著，台北縣：圓明出版社，民國八二年二月出版。

《敦煌禮懺文研究》，汪娟著，收錄於「中華佛學研究論叢刊第十八」台北市：法鼓文化事業股份有限公司，一九九八年九月初版。

《唐後期五代宋初敦煌僧尼的社會生活》，郝春文著，收錄於「唐研究基金會叢書」中國北京市：中國社會科學出版社，一九九八年十二月一刷。

《世說新語》，南朝宋．劉義慶著，楊勇教授校訂。台北市：祥生出版社，民國六二年十月出版。

《文心雕龍》，劉勰著，周振甫注，王文進等人譯，台北市里仁書局，民國七三年五月出版。

《中國佛教音樂之研究》，李純仁撰寫，民國五九年，中國文化學院藝術研究所碩士論文。

《台灣佛教音樂—早晚課主要經典的音樂研究》，林久慧撰寫，民國七二年，國立台灣師範大學音樂研究所碩士論文。
《從佛教音樂文化的轉變論佛教音樂在台灣的發展》，高雅俐撰寫，民國七九年，國立台灣師範大學音樂研究所碩士論文。
《唐代淨土讚歌之形式研究》，林仁昱撰寫，民國八十三年，國立中山大學中國文學研究所碩士論文。
《台灣佛教法會—大悲懺的音樂研究》，張杏月撰寫，民國八四年，中國文化大學藝術研究所碩士論文。
《台灣北部釋教的儀式與音樂》，邱宜玲撰寫，民國八五年，國立台灣師範大學音樂研究所碩士論文。
《普庵咒音樂之研究》，范李彬撰寫，民國八七年，國立藝術學院音樂研究所碩士論文。
《四聲三問》，陳寅恪著，收錄於《清華學報》第九卷第二期，一九三四年四月。
《梵唄窺源與佛曲辨宗》，林培安撰，收錄於《音樂藝術》第三期（總第三八期），中國上海市：上海音樂學院，一九八九年九月八日出版。頁十八至十九。

〈從非樂思想到音聲佛事〉，釋昭慧撰，收錄於華宇出版社出版之「世界佛學名著譯叢」第九一部，高楠順次郎等著《佛教藝術・音樂、戲劇、美術》。

〈佛教音樂的源流及其發展—兼論日本佛教音樂現況〉，片岡義道著，收錄於《世界佛教名著譯叢》之高楠順次郎等著《佛教藝術—音樂、戲劇、美術》，台北縣：華宇出版社，佛曆二五三二年六月初版。

〈梵唄略考〉，釋法藏撰，該文存於《僧伽雜誌》，民國八十四年十月二十日，台中市僧伽雜誌社發行。

〈中國佛教音樂的形成與發展〉，明青撰，收錄於《佛教・音樂・藝術》，台北縣：世界佛教出版社，民國八十四年六月一版一刷。

〈佛教音樂傳統與佛教音樂〉，高雅俐撰，收錄於《一九九八年中國佛教音樂學術研討會會議手冊論文集》，民國八十七年二月二十六日至二十七日，由佛光山文教基金會與南華管理學院舉行。
〈佛光山梵唄源流與中國佛教音樂的關係〉，陳慧珊撰，該文發表於民國八十七年二月二十六日至二十七日，南華管理學院主辦之「一九九八年中國佛教音樂學術研討會」，收錄於《一九九八年中國佛教音樂學術研討會會議手冊與論文集》中。
《從形式到實質的轉化—台灣佛教音樂的發展與檢討》，林谷芳撰，收錄於《一九九八年中國佛教音樂學術研討會會議手冊・論文集》，頁一二八。

## 韓文參考書目

《釋門儀範》，安震湖編，韓國：法輪社出版，一九八四年四月二十日七版發行。

## 日文參考書目

《韓國佛教禮儀的研究》，洪潤植著，日本國東京都：隆文館出版，昭和五一年六月二十四日第一刷發行。（該書以日文寫成，作者是韓國人，介紹韓國佛教禮儀）
《元亨釋書》，日本濟北沙門．師鍊撰寫，收錄於黑板勝美所編「國史大系」。日本東京都：吉川弘文館，昭和四十年六月三十日發行。
《古事類苑》之《宗教部四．佛教四．經》，日本．神宮司廳藏版，日本東京都：吉川弘文館出版。
《天台聲明大成》多紀忍道與吉田恆三合著，日本京都市：芝金聲堂出版，昭和四三年（一九六九年）一月二十六日出版，頁五。
《佛教音樂與聲明》大山公淳著，日本大阪府：東方出版株式會社，一九九二年九月二二日一版二刷出版。
《天台淨土教史》，日本京都：法藏館出版，昭和五三年九月十五日三刷。
《日本人的祕密》（中、日、英對譯），長谷川勝行著，台北市漢思有限公司，民國八十五年二月二十日初版一刷。

《佛教音樂與聲明》，大山公淳著，日本大阪府：東方出版社出版。一九九二年二月一日二刷。

《天台聲明概說》，天納傳中著，日本滋賀縣大津市叡山學院：昭和六十三年八月一日發行。

《日本音樂叢書—三．聲明（一）》，由日本東京國立劇場協力，木戶敏郎編集，日本東京都音樂之友社，一九九〇年八月十日一刷發行。

《佛教音樂辭典》，天納傳中、岩田宗一、播磨照浩與飛鳥寬栗四人合編，日本京都市：法藏館出版，一九九五年五月二〇日初版一刷。

《魚山曹植墓》，中國大陸劉玉新、張方文著，日本山口康子譯。日本京都市：魚山大原寺實光院，一九九七年六月十八日發行。

《昭和現存天台書籍綜合目錄．下卷》，澀谷亮泰編，日本京都法藏館出版，平成五年（一九九四年）五月十日二刷。

## 英文參考書目

Harold G. Coward & K. Kunjunni Raja (1990), *Encyclopedia of Indian Philosophies*.Princeton, New Jersey in U. S. and Oxford, U. K. :Princeton University Press.

Edit bySibajiban Bhattacharyya (1991), *The Mahabhasya of Patanjali*. New Delhi :Munshiram Manoharlal Publishers PVT. Ltd.First Published.

A. K. Warder (1991), *Introduction to Pali*. Published by The Pali Text Society in Oxford, UK.

Lewis Rowell (1992), Music and Musical Thought in Early India , 1933- (Chicago and London : The University of Chicago Press )

Compiled by the yeshe De Research Project and edited by Elizabeth Cook (1992), Lightof Liberation: a history of Buddhism in India. Crystal mirror series (vol.8), Berkeley,CA :Dharma Publishing.

Schopen:Bones, Stones, and Buddhist Monks(1997), Hanalulu :University of Hawaii

Press.

L. Subramaniam(1990), An Anthology of South Indian Classical Music. France,
Paris :Radio france , Collection dirigee par Pierre Toureille, C590001, No.4. Macdonell,

Arthur Anthony (reprinted in 1997), A Sanskrit Grammar for Students.Published by D.K. Printworld (P) Ltd.,New Delhi, India.

佛學入門系列 2

# 正信的佛教

聖嚴法師 著

發行量超過百萬冊的
佛學經典名著。

定價 120 元

佛教在歷經二千多年的傳播後，其根本精神在於流布的期間，摻雜諸多異質的成分，而有曲解及湮沒。爲了導正信念，究竟佛法的基本認知，書中列舉七十項淺顯而實際重要的問題，讓人們真正瞭解佛教，一窺真貌。

佛學入門系列 3

# 學佛群疑

聖嚴法師 著

深入淺出解答學佛者
疑惑的最佳指南。

定價 150 元

在多元化的現代社會以及各種風俗習慣的衝擊下，佛教正面臨著更多層面的挑戰和考驗。聖嚴法師精選七十七則一般人可能有的疑惑，以經論爲基礎，加以反覆的辨證剖析，爲疑者解惑，爲信者銘證。

人間淨土系列 3

# 人行道

聖嚴法師 著

面對現實生活的疑惑
不安，哪裡才是安定
與自在的人行大道？

定價 160 元

沒有艱深與難懂的佛學名詞，本書將佛法的智慧和慈悲，轉化成大家都能接受的親切話語。本書爲個人、家庭、事業、工作、疾病，乃至於宗教以及人際關係等人生課題，提出知性與感性並呈的答案，供您解惑、安頓身心。

CD 梵唄歌曲系列

# 聽見菩薩

定價 300 元

**聖嚴法師　等作詞**

**嚴子貿　　等作曲**

**在紅塵最繁華處，聽見菩薩最深的慈悲，守護每一顆心。**

心靈導師淨心長老、聖嚴法師實修的深刻體悟，音樂人陳樂融、陳世音一路修行的自在心聲，虔誠如天籟般的歌聲流轉而出，一聲一句宛如菩薩甘露輕灑，化作無盡的慈悲，滋潤、守護每顆在紅塵行走的心，更開啓了靈性的深層視野。

國台語雙聲同台演出，盡現語言聲韻之美，收錄曲目有：

- 四眾佛子共勉語(台語新版) -- 聖嚴法師 詞・嚴子貿 曲
- 菩薩行 -- 聖嚴法師 詞・嚴子貿 曲
- 老菩薩之歌(台語版) -- 陳樂融 詞・嚴子貿 曲
- 菩薩的手 -- 淨心長老 詞・劉靜蓉 曲
- 友誼歌 -- 陳世音 詞曲 (含演唱及音樂版)

CD 梵唄歌曲系列

# 觀世音菩薩聖號

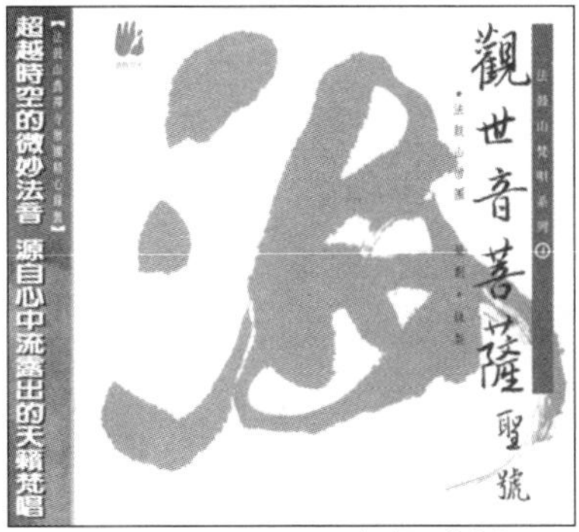


定價 300 元

法鼓山僧團　策劃錄製

超越時空的微妙法音，
源自心中流露出的天籟
梵唱。

觀世音功德無量，因爲他能以種種形象、身分在所有的世界出現而幫助、度脫一切眾生，因此我們應該一心供養觀世音菩薩，表示恭敬感恩。由於觀世音菩薩在任何情況下都可以使人得到平安，沒有恐怖，給予無畏的佈施，所以他的名號是「施無畏」。

國家圖書館出版品預行編目資料

一路念佛到中土：梵唄史談／ 賴信川著 --
初版.-- 臺北市：法鼓文化，2001[民90]
面； 公分. --（智慧海系列；40）
參考書目：面
ISBN 957-598-147-2(平裝)
1.梵唄 - 歷史
224.309 89018932

智慧海 40

一路念佛到中土——梵唄史談

法鼓文化

著者／賴信川
出版者／法鼓文化事業股份有限公司
總編輯／釋果毅
責任編輯／胡旻寧
地址／台北市北投區大業路260號6樓
電話／(02)2893-4646 傳真／(02)2896-0731
網址／http://www.ddc.com.tw
E-mail／market@ddc.com.tw
初版二刷／2003年5月
建議售價／新台幣350元
郵撥帳號／1877236-6 戶名／法鼓文化
登記證／行政院新聞局局版北市業字第176號
印刷／中原造像股份有限公司
北美經銷處／紐約東初禪寺
Ch'an Meditation Center(New York,U.S.A.)
Tel／(718)592-6593 Fax ／(718)592-0717
農禪寺 ／電話(02)2893-3161
法鼓山文教基金會 ／電話(02)2827-6060